汇集中国历代大师、风水典籍的实用风水精华

旺宅纳福窗

代代福贵

罗盘

经天纬地的罗盘是堪舆风水的必备工具

风水有道，宅亦有灵，巧用装修，趋吉避凶，把握要领，提升鸿运。

置业购房选旺宅，居家好运看布局

图注

旺宅居家环境学

传统数术名家精粹

【一叶知秋、一针见血、胸罗千载、面转乾坤】

李之秋◎著

杨金国◎点校

刘保同◎主编

最传统的古典旺宅布局，与时俱进的现代时尚装饰风格，怎样能把传统的五行居家元素巧妙地融进来，创造天、地、人相互感应，天人合一的吉祥昌盛居家环境，有待我们深入研究。

内蒙古人民出版社

图书在版编目(CIP)数据

旺宅居家环境学/李之秋著. –呼和浩特:内蒙古人民出版社, 2010.5(2024.3重印)
　(传统数术名家精粹/刘保同主编)
　ISBN 978-7-204-10490-1

Ⅰ.①旺… Ⅱ.①李… Ⅲ.①住宅-风水-基本知识
Ⅳ.①B992.4

中国版本图书馆 CIP 数据核字(2010)第 090309 号

传统数术名家精粹

旺宅居家环境学

李之秋　著

责任编辑	王继雄	
封面设计	宋双成	
出版发行	内蒙古人民出版社	
地　　址	呼和浩特市中山东路 8 号波士名人国际 B 座 5 层	
印　　刷	呼和浩特市圣堂彩印有限责任公司	
开　　本	710×1000　1/16	
印　　张	16	
字　　数	220 千字	
版　　次	2010 年 12 月第 1 版	
印　　次	2024 年 3 月第 7 次印刷	
书　　号	ISBN 978-7-204-10490-1	
定　　价	29.80 元	

出版前言

五千年的文化长河中，有一支渊源流长，而且历代备受推崇，充满神秘色彩的术数文化，一直是中华传统国学文化的重要组成部分。在我国历史的社会生活中占有很重要的地置，对中华民族的和谐发展有着不可磨灭的贡献，它所包含的内容体系博大精深，大至宇宙天地，小至一草一木，上至治国安邦，下至百姓生活。风水就是术数文化的一个分支。

风水的起源，可以追溯到远古洪荒时代。先民们面对洪水的泛滥，开始运用智慧择地而居。此后，风水的发展演变，大致经历了先秦孕育时期、秦汉萌芽时期、魏晋发扬时期、唐宋成熟盛行时期、元代低落时期、明清流传繁荣时期。

"葬乘生气"这一风水理论精髓，也成为几千年来各派风水学家们保持不变的运用原理和宗旨。魏晋之前，相地、相宅、相墓主要在士大夫、达官贵族等上层阶级流行传开，广大百姓无缘问及，风水作为皇家术只为官僚阶层服务。随着郭璞《葬书》的问世，风水理论的提出，风水术开始大行其道，已不再是上层官宦阶层的专利。

风水领域，名人辈出，著述甚多，为风水理论的形成和发展作出了重大贡献。

学风水以峦头为体，理气为用，峦头真理气自验，峦头假理气难凭。所以理气不合，而峦头真者，虽有瑕疵，不因为理气不合而不发富贵，理气合而峦头假者，定不因为合理气而发福禄，因为峦头为理气之本。

　　风水分阴阳两宅，本书专论现代阳宅。全书结合古代风水理论与现代居家环境，解决旺宅居家风水问题，为您打造舒适完美的家庭布局，让您的事业如日中天。全书囊括了风水的基础理论、家居布局等多方面的常见问题，配以详细的图解，让你花最少的钱打造完美格局，力争为您营造旺人旺财的居家风水，明白百年运势，子孙满堂，富贵双全必看必用的居家吉祥宝典。

　　天人合一，阴阳调和，人与自然的和谐相处，这是中国术数的理论核心。风水作为中国独有的哲学思想产物，是祖先由实践积累起来的经验，所形成的人居环境选择优化的实用方法，而这也正是中国几千年来思想沉淀的精髓。

　　回首我与中国传统术数文化的缘分，回想我走上术数研究、应用的人生道路，感慨万千。让古老的术数文化福佑天下百姓，福惠千家万户，造福子孙后代的心愿时时在我的心中生荡漾，产生了我人生为之而奋斗的精神力量。传承和发展，任重而道远，路漫漫其修远兮，吾将上下而追寻。感念我数十年生根于心中的这个愿望，也正是这个愿望陪伴着我走过坎坷，走向辉煌。也由于这种愿望，我和我的同仁们在学习、研究中完成了这套书的的点校编写工作。由于世间仓促和本人水平所限，在成书之际，难免会存在一些问题，在此，欢迎各界朋友和业界同仁望能及时反馈以利再版修订完善，在此表示感谢。

　　愿博大精深的中国术数，能够为你带来吉祥；愿国学经典术数著作，为你打开新的人生之门！

本书导读

　　风水学是我国一种传统的神秘文化，同时又是一门综合科学。它包含人类已知科学中多学科的综合内容，也蕴涵了人类未知或半知的神秘知识。风水的主旨是审慎周密地考察、了解自然环境，利用和改造自然，创造良好的居住环境，赢得最佳的天时地利与人和，达到天人合一的至善境界。研究风水就是研究"气场"，研究环境的改变，物体（包括家俱、饰物等）位置的改变所引起"气场"改变，从而达到为我所用的目的。

　　居家风水，就是住宅内外环境的布局，其最佳的方式要根据主人的特点度身定造，但不能犯一些风水上的大忌，否则会对居住者有不利影响。所以，居家风水的布局必须以自然科学的原理为依据，在顺从自然科学的前提下，人为地改造居住环境和条件，创造出与自然气场相同，或适于人类生存气场的环境。而且这种环境要使人类自下而上的舒心怡意，体健心宽，家道兴隆。就居家中的装饰和点缀而言，正是人们为了达到上述目标而进行的活动。从家居设计的角度看，室内空间既固定又可变。因为建筑结构形成的空间不能改变，所以说其固定；但是我们可以采用多种元素对空间进行规划，让人在心理上产生变化了的空间效果，所以说其可变。而在室内空间进行的装饰、点缀便是一种变化空间的常见手段。人们都希望平安顺利，希望趋吉避凶，旺宅居家的环境学也就赋予各种不同的风水意义。

旺宅居家环境学

　　本书不同于一般市面的风水书，虽然是一个简单的常识，也要用最浅显易懂的风水学专业知识来解释，相对于有的书本看似内容不全面，但此书的显著特点是，作者抱着真传一句话，胜读万卷书的观点，传道授业，破疑解惑，若是你能触类旁通，定会知道风水，了解风水，学会风水，更能明白旺宅环境与事业、健康、家庭等有形及无形的互动关系，并指导人们如何选择最佳的生活习惯及布置设计，让居家的您在各方面都和谐顺利，并能把握先机、掌握财富，创造一个完美、健康、成功的人生！

目　录

旺宅居家环境学

第八章　书房装饰风水 ……………………………… 129

第九章　厨房装饰风水 ……………………………… 144

第十章　浴厕装饰风水 ……………………………… 161

旺宅居家环境学

第十一章　综合家饰风水

第十二章　经典导读《宅法举隅》

《天元五歌》阳宅篇注解

第一章 风水学基础

　　风水，是古人在择地建造居所之时，对各种条件，如气候、地质、地形、环境、景观等因素的综合判断，以及建筑当中的种种禁忌的总称。风水术又称为堪舆学、相地术、地理学、相宅术等，是中国古代方术重要的组成部分，也是中国传统文化的重要组成部分。风水学不是迷信的学问，它是研究古代环境"天、地、人"三者关系的学问。其宗旨是审慎周密地考察、了解自然环境，顺应自然，有节制地利用和改造自然，创造良好的居住与生存环境，赢得最佳的天时、地利与人和，达到天人合一的至善境界。

1. 什么是现代风水学

　　风水学理论是集地理学、星象学、景观学、建筑学、生态学和人体生命学等多种学科于一体的古代建筑规划设计理论。现代风水学不是讲封建迷信的风水，它与营造学、造园学共同组成了中国古代建筑理论的三大支柱，其宗旨是周密考察了解自然环境，顺应自然，有节制地利用和改造自然，创造良好的居住与生存环境，赢得最佳的天时、地利与人和，达到天人合一的至善境界。

　　现代风水学理论在其长期的实践发展过程中，吸收融合了古今中外各门科学，包括美学、伦理学，以及宗教、民俗等方面的众多智慧，最终形成了内涵丰富、综合性和系统性很强的独特理论

体系，这就是现代风水学。

2. 风水与居家生活的关系

风水与居家其实有着十分密切的关系。在确立了您的公寓或房子的哪个角落与什么需求有关之后，接着就是要分析房子的整体配置。经常走动的房间如睡房、客厅或厨房是最重要的，必须安排在最好位置。西南方的角落象征人际关系及婚姻幸福，如果厕所安排在这个角落，那将会导致一种不必要的压力，好像"把您的人际关系和婚姻冲到厕所"的感觉。显然地，您并不能把所有的房间都挪置到最适合的方位，这时就必须通过风水学来协助克服这个问题了。

风水学的发展

风水学说起源于黄帝时代，至商朝时，在甲骨文中已有大量关于建筑的卜辞，如建设宗庙、宫室等，都是古人对选择居所而进行"卜居"或"卜地"的记载。

原始风水学说，是把阴宅与阳宅看成一体的。到了春秋战国时期，古代天文学与地理学有了长足的进步，思想学术特别活跃，有专门的著作开始总结城市建筑经验与选址理论，为后世风水理论奠定了发展的基础。

汉代以后，以阴阳五行学说为基础的观念已经形成，各种术数如卜筮、星占、相术、仙术等逐渐开始盛行起来，使风水学理论趋于成熟。被称为风水鼻祖的郭璞就出现在这个时期，所写的《葬经》，是目前公认历史上第一本给风水定义的书。

自此以后，葬地选择越来越受重视，不论阴宅、阳居，对山川形势、宅墓的方位、坐向等已非常讲究。尤其是唐朝杨筠松的

《撼龙经》、《疑龙经》、《青囊经》等，均对后世产生了极大的影响。宋元已开始对太极与阴阳八卦图和理论进行阐释，罗经此时亦被广泛运用。

明清时期风水理论的运用几乎达到顶峰，当时的重要风水学著作，如《地理正宗》，徐善继与徐善述的《地理人子须知》，蒋大鸿补撰《地理辨正》，叶九升的《地理大成》等。风水学说中对择宅与选墓的理论，到了此时期已经明确分为两个不同的派别。

两个派别分别是：峦头派和理气派。前者着重于山川大地的形势与环境的选择；后者偏重于方位、座向与阴阳五行的应用。其中又分有侧重阴宅与阳宅之别。理气派的理论是建立于古代中国人对"气"的概念上，古人认为整个宇宙是由"气"生成，天地未形成之前是一个"无"，天地乃由"无"中之元气生成，轻的气上升为天，浊的气下降为地，这轻与浊的气就是阴阳二气。而传统风水的看法，都是以此种阴阳二气所讲的"聚气"原理推演而来的。

古人云："不知峦头者，不可与言理气；不知理气者，不可与言峦头。精于峦头者，尽头功夫理气自合；精于理气者，尽头功夫峦头自见。"《山洋指迷》上说："峦头理气，二者孰重。峦头真理气自验，峦头假理气难凭。故理气不合，而峦头真者，虽有瑕疵，不因为理气不合而不发富贵，理气合而峦头假者，定不因为合理气而发福禄，是因为峦头为理气之本也，明此矣，学者必须待峦头精熟，地之真假大小，穴之吞吐浮沉，卓然有见于胸，然后再讲求理气，就会明白乘气立向，控制消砂纳水，征岁运之用亦不可废，假如峦头还未熟，而先学理气，虽知道贵阴贱阳，来生去墓诸说，确确可据，而吉凶休咎，似与峦头无太大联系，但往往求福而致祸者，舍本逐末故也。故曰：看山之法，以势为难，而形次之，方又次之。又曰：有体方言用，光有用则失其体，可不知所先务哉。"

世人对风水学认识上的偏见

　　世人对风水学多存偏见，往往只是简单地视为封建迷信、古文化的糟粕。

　　可是真正的风水是，中国祖先凭借非凡的智慧，不断的体察、感悟，觉察到宇宙天地间有一种神密而又伟大的力量在支配着这个世界，并将之称之为"气"。风水理论就是建立在以"气"为理论的基础上。风水中最经典的一句话就是："气乘风则散，界水则止，古人聚之使不散，行之使有止，故谓之风水。"这就是风水。风水贯穿在中国传统建筑活动的各个过程。从选址规划、建筑单体、园林小品、室内外装修设计到施工营造；从皇家宫殿到老百姓的民居；从活人居住的阳宅到死人安息的陵墓阴宅，几乎无所不在。目的就是要寻求营造一处"好气场"，这可有中国大地现存的大量古建筑得到印证。

　　传统风水文化理论是以河图、洛书、阴阳、五行、八卦等易学文化为基础的，通过建筑布局、空间分割、方位调整、色彩运用、图案选择等隐喻和象征手段，来满足人们对自身的各种需要。目的是通过勘查天文地理，以顺应自然，理智地利用和改造自然，优选出适合人的身心健康及行为需求的最佳居住环境，使之达到阴阳调和，天人合一的至善境界。

　　风水包含着系统的操作技术和方法，其中"形法"和"理法"集中囊括了五千年来所形成的浩繁庞杂体系。风水有着中国独创的操作工具——罗盘，它是中国风水师或堪舆师的伟大发明，使得中国是世界上最早发现磁场、磁偏角，并在人类生产生活中实践应用的国家。

　　风水理论是把与建筑相关的天文、地理、气象等方面的自然知识和相应的来自生活实践中的经验相结合，所总结出的一套系统性、专业性都很强，又更具独特性的理论体系。

环境因素，与人的身心健康密切相关。把住宅建筑在自然条件恶劣，或有危害之地，采光、通风、温度、湿度都有问题的环境中，任凭多强壮的人，住久了都要生病出问题的。这从环境建筑学的角度上来看，都是有一定的科学道理的，值得我们深入研究和借鉴的。我们不能因为里面充斥着大量的阴阳五行、八卦、神煞等神秘玄学的词汇和很多现代科学尚无法解释的现象，就给它加以"迷信"、"伪科学"的帽子给完全否定掉。

正像我们对待其他事物一样，在你没有完全了解它之前，是不能下定论的。你了解它吗？不了解的话，又怎么说它是迷信呢？这不合乎逻辑。

在风水学的研究中，学者们认为自然界的磁场对人体产生明显的影响，并不断改变使我们心情愉悦、思维敏捷、健康长寿，也可以使人思维迟钝、精神恍惚、多病短寿！而风水就是在地基、居所布局基础上增加某种信息符号，以满足人们避凶趋吉的心理要求！

风水主要有两大分支，即"峦头"和"理气"。简单来说，"峦头"主要研究阳宅或阴宅的周围环境，包括来龙去脉、来水去水等对自身的影响。至于"理气"则主要运用九宫飞星、阴阳五行、八卦等理论来研究阳宅或阴宅周围的气场。

总体来说，风水调整的目的在于协调人与环境的关系，最终达到天人合一，和谐共生。从科学的观点而言，是调整不同的磁场，不同的电磁波、声波所组成的环境。看风水就是要用人为力量，改变外界不利因素，趋吉避凶。看风水就是发挥人的主观能动性，选择适于人类生存生活的外在环境，改善不利于人类栖息的环境。看风水是积极的主动的，而不是一般人所想象的消极的被动的宿命论。风水一点也不宿命，因为风水的作用或目标，就是去改变宿命，使人生活的更舒适。

河图洛书

河图

　　河图，以象涵数，以数示象。它由 1 至 10 的 10 个自然数构成，模拟天体星象。象分四方：左东右西，上南下北。数以点计：白点为奇数，或称天数，代表阳；黑点为偶数，或称地数，代表阴。点数由下而上，左、中、右，从 1 到 10 按内外两层顺序排列。每一方位的天地数之差皆为 5，而天数之总和 25，地数之综合为30，其差也为 5。

洛书

洛书由从 1 到 9 的 9 个自然数组成，浑若一幅大地方位图。其中奇数列于四方及中央，偶数则列于四角。全图相对二侧之数，加起来均等于 10，合中数则成 15。它们所代表的方位、季节等理念皆与《河图》相同，只是更为细分。

太极图

太极图约有三种，即周敦颐的"周子太极图"、来知德的"来氏太极图"和"先天太极图"，而以先天太极图流传最广，常与八卦相配。旧说此图为天地自然之图，有太极涵阴阳，阴阳涵八卦之妙。据清人胡渭《易图明辨》，此图环中为太极，两边黑白回互，白为阳，黑为阴：黑中白点，为阴中之阳，白中黑点，为阳中之阴。则此图主要表示阴阳二气运行、消长的情状，故有人亦认为：阴阳已分，已非太极本相，此图可谓之"两仪生四象，四象生八卦"之图。

五行生克

五行，指金、木、水、火、土。五行学说是中国古代哲学的根本。五代表五类属性不同的物质，他们之间相互联系又相互制约。五行学说不仅是一种宇宙观，也是一种朴素的系统论。这种朴素的唯物辩证法思想，它贯穿于我国古代思维现象的各个领域。

风水术上认为，相地奥妙，尽在五行之中。山川形势有直有曲，有方有圆，有阔有狭，各具五行。概其全要，惟测其气，验其质。质以气成，气行质中。地理千变万化，关键在五行化合相生之气。在风水师眼中认为，五行是阴阳之纲领，造化之权衡。拔砂、放水、辩方；立向都得依靠五行。可是在实际运用中，五行有许多分类，目前最准确的为正五行。

古人通过观察自然认为，宏观世界由金、木、水、火、土五种物质组成。

金指金属、石头、矿物质等，是生产力不发达的古代生产生活必备的物质。

木指森林、花草及一切木器，是人们的建筑、家居、生活所用的基本物质。

水指河流、泉流等，也是人们生产生活的最基本物质，古人择水而居也就是这个道理。水是生命的基本物质，没有水任何生物就无法生存。

火是使人们生活得以改善的重要物质，古人生火以烹饪、制作陶瓷器皿，所以火也是生产生活中必不可少的。

土又是地球表面最常见的基本物质，万物以土资生，是万物之母。没有土便无法耕种生产，而花草树木等也无法生存。

五行是我国古代先人通过观察自然，而对自然最为客观实际的科学认识，"五行"是对客观世界的基本的一个分类，万事万物都可纳入其中，同时，也表示各种物质在不断运动中，相互转化，相互制约。

我国古人通过长期劳动实践发现，五行之间属性各不相同，两物质相遇时，会产生不同的关系，如果能顺而为茂，是为相生，即资生、助长之意；逆而为削、是为相克，即克服、抑制之意。

木生火、火生土、土生金、金生水、水生木。钻木取火，木火相生；炼土成金、土金相生；火化为灰，火土相生；金沉于水，金水相生；水以浮木，水木相生。

反之水克火、火克金、金克木、木克土、土克水。水以灭火，水火相克；火以熔金，火金相克；金以木枯，金木相克；木以据土，木土相克；土以掩水，土水相克。

相生与相克的关系是为了让人们了解客观规律不可悖逆。原则是：力求自然，不刻意逆施。比如单行道上就不该逆向行驶，比如水往低处流，人往高处走，就不要刻意围堵或压抑志向，而应当按照客观事物的规律办事。

五行的顺序：水一、火二、木三、金四、土五，是根据河图而来，也就是一六北方水，二七南方火，三八东方木，四九西方金，五五中央土，取一二三四五之数，以五为中，加一成六为阴居北，加二得七为阳居南，加三得八为阴居东，加四得九为阳居西，加五得十为阴归本位。

旺宅居家环境学

先天八卦

先天八卦的产生及次序

实践操作风水时要用到罗盘，可是有的用后天八卦，有的用先天八卦，有的人就被搞糊涂了，怎么用？为什么？实际就一句话把两个问题解释清楚了，有先才有后，先天后天有次序，先天为体，后天为用。可是先后天又怎么来呢？下面我们就重点讲解一下。

传说，八卦是由距今七千多年的伏羲氏观物取象，依据阴阳派生原理所作。《易·系辞上传》说："易有太极，是生两仪，两仪生四象，四象生八卦。"这就是先天八卦及其产生的过程。在这个演变过程中，首先是太极，其次是两仪，最后是八卦，它们是宇宙形成的过程。

太极是什么？太极就是一，是道，是天地未分时物质性的浑沌元气，《说文解字》中说："惟初太极，道立于一，造分于地，化成万物。"就是这个道理，古人用一个圆表示太极之元气浑然之象，是造分天地的根源。

太极动而生阳，静而生阴，所以生两仪，我们平常称两仪为一阴一阳，故《易·系辞上传》说："一阴一阳之谓道。"古人观天下万物之变化，不外乎由太极而生阴阳，故画一奇以象阳，画一偶以象阴。阳就是阳爻，用"—"表示，单为阳之数；阴就是阴爻，用"– –"表示，双为阴之数。这就是构成八卦的基本符号（也称卦画），是反映形态矛盾和万物演变过程的最基本的阴阳二气符号。

一阴一阳这个两仪又各生一阴一阳之象，就是一分为二，生出四象，四象即少阳、太阳、少阴、太阴，分别用四种不同的符号表示，是谓"两仪生四象"。四象是天地阴阳二气在自然界中的变化，也代表春、夏、秋、冬四时，《易·系辞上传》说："是故法象莫大乎于天地，变通莫大乎四时。"这里"天地"二字是两仪的注脚。

四象再各自生阴生阳（一分为二），生出八卦。即四象生八卦，也就是说在少阳、太阳、少阴、太阴这四象上，分别各加一阳爻或阴爻，"选之为三，"即产生八种新的符号，如在少阴上加一阳爻，生成叫做离卦；在其上加一阴爻，生成叫做震卦，依次类推，生成乾一、兑二、离三、震四、巽五、坎六、艮七、坤八，这种八卦排列次序及其卦数，就是先天八卦之数。先天数的产生，是由浑沌太极，无形无象也无定位，只是一气相生，阴阳次第相加，而自然造化一至八数，故谓"先天"。

从八卦的爻位来看，八卦是由三个阳爻或三个阴爻，及一阳爻两个阴爻，两个阳爻与一个阴爻的不同排列组合而成的。八卦最早用来代表天、地、雷、风、水、火、山、泽八种基本象征意义，并表示健、顺、动、入、陷、丽、止、说八种性质，它们反映用矛盾对立的乾坤、震巽、坎离、艮兑、象征矛盾对立的天地、雷风、水火、山泽。

八卦即成，它们代表世间万物的八种基本性质，万物万事的性质可以抽象为八种，换句话说，自然界、人类社会的各种现象皆可纳入八卦。

先天八卦的方位

《易·说卦传》说："天地定位，山泽通气，雷风相薄，水火不相射，八卦相错，数往者顺，知来者逆，是故易逆数也。"这是先天八卦方位的理论依据。

其方位依次为：乾南坤北，天居上，地居下，南北对峙，上下相对。从两卦爻象来看，乾是三阳爻组成，为纯阳之卦；坤是三阴爻组成，为纯阴之卦，两卦完全相反。

山泽通气：艮为山居西北，兑为泽居东南，泽气于山，为山为雨；山气通于泽，降雨为水为泉。从两卦爻象来看，艮是一阳爻在上，二阴爻在下；兑是一阴爻在上，二阳爻在下，两卦成对峙之体。

雷风相薄：震为雷居东北，巽为风居西南，相薄者，其势相迫，雷迅风益烈，风激而雷益迅。从两卦爻象来看，震是二阴爻在上，一阳爻在下；巽是二阳爻在上，一阴爻在下，八卦成反对之象。

水火不相射：离为日居东，坎为月居西，不相射者，离为火，坎为水，水得火以济其寒，火得水以减其热，不相息灭。从八卦爻象来看，离是上下为阳爻，中间为阴爻；坎是上下为阴爻，中间为阳爻，两卦亦成对峙之体。

从八卦卦爻明显看出，除乾坤两卦为纯阳纯阴卦外，震、坎、艮卦都是由一阳爻两阴爻组成，而且爻画均为五，为奇数，为阳数，故此三卦为阳卦。巽、离、兑三卦都是由一阴爻两阳爻组成，而且爻画均为四，为偶数，为阴数，故此三卦为阴卦。

先天八卦方位与先天卦数的排列形式，由乾一至震四，系由上而下，再由下而上旋至巽五，由巽五至坤八又由上而下，其路线形成 S 形的曲线，这种运动方式称为"逆行"，从 S 形的轨迹形运动中，由乾至坤是按先天卦数乾一、兑二、离三、震四、巽五、坎六、艮七、坤八排列的，这种从上而下，先左后右，由少至多的数字排列方式，称作"逆数"，反之，由坤至乾，从下面的开始，由下而上，先右后左，由多至少的数字形成倒行的方式，称作"顺数"。

"数往者顺，知来者逆"。是以先天八卦方位图中分为界，从上乾一数起向左下数为一、二、三、四，是指已发生过去的数，好比以今天（一天）起计算以往的天数，有昨天（二天）、前天（三天）、大前天（四天）……就是说从今天追数往日，即"数往者顺"，其数为"顺数"。自震四至乾一，从爻象来看，震为一阳生，离兑为二阳生，乾为三阳生，反映了阳气上升的过程。其数为四、三、二、一，顺而左旋以仿天行，故为顺数，其卦为已生之卦。由巽五、坎六、艮七、坤八之数，是指还没有发生的数，好象某事到今天已经四天了，明天（五天）、后天（六天）、大后天（七天）、大大后天（八天），逆而推知，其数五、六、七、八逆而下之右旋，称作"逆数"。在卦，说明阳气至乾已极，由巽始阴气萌生，（指事物发展到一定阶段将向相反或新的方面变化），推测其未来，必然是巽为一阴生，坎艮二阴生，坤为阴极三阴生，故巽、坎、艮、坤，又称未生之卦，顺逆之数的运行反映了先天卦圆图中有一种螺旋运动，有逆也有顺，逆中含顺，顺中隐逆。按先天八卦乾坤、艮兑、震巽、坎离两两相对之本，每一对中都含有顺逆、奇偶、阴阳，即阴中含阳，阳中含阴，阴阳错综交变，这就是先天八卦方位图中的矛盾对立统一的辩证思想，是八卦本着阴阳消长，顺逆交错，相反相成的宇宙生成自然之理，来预测推断世间一切事物，数不离理，理不离数。

后天八卦

后天八卦的次序

后天八卦从效法自然和社会的角度，给八卦规定以男女长幼之别，以乾天为父，坤地为母，而生震、巽、坎、离、艮、兑六子。《易·说卦传》说："乾，天也，故称乎父。坤，地也，故称乎母。震一索而得男，故谓之长男。巽一索而得女，故谓之长女。坎再索而得男，故谓之中男。离再索而得女，故为之中女。艮三卦而得男，故谓之少男。兑三索而得女，故谓之少女。"索，求也，是言乾坤阴阳互相求交。凡阳先求交于阴，则阳中而得男；阴先求交于阳，则阴入阳中而得女，三男本坤体各得乾之一阳而成，男阳根于阴也；三女本羲体各得坤之一阴而成，女阴根于阳也。

从三男震、坎、艮，看其爻象均为一阳二阴为阳卦，谓之"乾道成男"，从三女离、巽、兑，看其爻象均为一阴二阳为阴卦，谓之"坤道成女"。这就是以少统多的原则。

以家庭中的父母子女关系比拟八卦，表明乾坤是阴阳之根本，万物之祖宗，这如同家庭一样，先有父母然后才能有子女，有子女然后有子子孙孙。所以乾坤生六子，六子为男女，且有长幼之分，对有血气者，如人、兽、禽、虫等，可理

解有男女雌雄之分，对宇宙万物而言，则是指变化规律，非专指其有形之男女，即天地生万物，万物无不分两性。

八卦歌诀取象表

乾三连坤六断

兑上缺巽下断

离中虚坎中满

震仰碗艮覆碗

后天八卦的方位

《易·说卦传》说："万物出乎震。震，东方也。齐乎巽，巽，东南也。齐也者，言万物之絜齐也。离也者，明也，万物皆相见，南方之卦也。……坤也者，地也。万物比如致养焉，故曰：至役乎坤，兑，正秋也，万物之所说也，故曰：说言乎兑。战乎乾。乾，西北之卦也，言阴阳相薄。坎者，水也，正北方之卦也，劳卦也，万物之所成终，而所成始也，故曰：成言乎艮。"这是后天八卦的理论依据。先天八卦讲阴阳对峙，后天八卦讲流行。所谓流行就是阴阳八卦导化运动的规律，如阴阳的依存互根，五行的相生相克，一年的四时八方推移，万物的生长收藏等都在这个规律之中。

天地万物的规律，是从春天开始活动、生长，到冬天而成终成始。这个规律每年即三百六十日循环一周，八卦用事各主四十五日，这就是按时间顺时针方向运转的后天八卦方位，也称文王八卦图。

震卦，方位在正东，于时为正春，此卦所占四十五日正值万物开始出生，也就是说宇宙间万物都原自东方开始，故曰："震，东方也。"

巽卦，方位在东南方，于时为春末夏初，此卦所占四十五日正值万物出现在地上，在微风的吹拂下，一片新鲜整齐，故曰："齐乎巽，巽，东方也。"

离卦，方位在正南，于时为正夏。此卦所占四十五日阳气已盛，在阳光照耀下草木繁盛，鸟兽出动，万物欣欣向荣，彼此相见。故曰："离也者，明也，万物皆相见，南方之卦也。"

坤也，方位在西南，于时为夏末秋初。此卦所占四十五日，正值万物都从大地里取得了充足的养分而茁壮成长，故曰："致役乎坤。"

兑卦，方位在正西，于时为正秋。此卦所占四十五日正值万物已长成，收获在望而喜悦，故曰："说言乎兑。"

乾卦，方位在西北，于时为秋末冬初。此卦所占四十五日正值阳尽阴生，万物由成熟走向枯老，进入生与死的搏斗时期，故曰："战乎乾。乾，西北之卦也。"

坎卦，方位在正北，于时为正冬。此卦所占四十五日，指万物春生、夏长、秋实之后已经疲劳衰老不堪，气息奄奄，进入冬藏阶段，故曰："万物之所归也。"

艮卦，方位在东北方，于时为冬末春初。此卦所占四十五日介于阴阳交替之间，指旧的生命停止了，新的生命又开始，万物的新陈代谢终始相因，如此反复生生不已，无有穷尽，故曰："万物之所成终，而所成始也。"

《易·说卦传》中，自"万物出乎震"至艮卦，用八卦配八方，配四对，论述了万物产生和发展的时空条件，此即后天八卦的"世界模式图。"

天干地支和五行方位

十天干，十二地支，合在一起简称干支。每个干支含有各种特定信息，大无不包，细无不化。实践运用中有无数层解释，不能生硬地去理解。生硬的结果，就会名实不符，造成混乱。总的说来干支五行学说属于中国古代的哲学范畴，是古人理解自然和世界的一种看法。

天干地支配合，可组成六十花甲，用于历法记时。天干地支和八卦相配合成二十四山，代表方位，用于风水罗盘上。在此要说明的二十四山是中国风水术实用操作方法中的定位方法，是使用的表现，因研判对象时遵照先天为体，后天为用的法则，所以一般采用后天八卦。

十天干为：甲、乙、丙、丁、戊、己、庚、辛、壬、癸。

十二地支为：子、丑、寅、卯、辰、巳、午、未、申、酉、戌、亥。

十天干配五行

甲乙同属木，甲为阳木，乙为阴木；

丙丁同属火，丙为阳火，丁为阴火；

戊己同属土，戊为阳土，己为阴土；

庚辛同属金，庚为阳金，辛为阴金；

壬癸同属水，壬为阳水，癸为阴水。

十天干配方位

甲乙东方木，丙丁南方火，戊己中央土，庚辛西方金，壬癸北方水。

十二地支配五行

寅卯属木，寅为阳木，卯为阴木；

巳午属火，午为阳火，巳为阴火；

申酉属金，申为阴金，酉为阴金；

子亥属水，子为阳水，亥为阴水；

辰戌丑未属土，辰戌为阳土，丑未为阴土。

十二地支配方位

寅卯东方木，巳午南方火，申酉西方金，亥子北方水，辰戌丑未四季土。

辰、戌、丑、未在每个季节的最后一个月，故为四季土。

十二地支配十二生肖

子鼠，丑牛，寅虎，卯兔，辰龙，巳蛇，

午马，未羊，申猴，酉鸡，戌狗，亥猪。

干支相配

六十甲子为十天干在上，十二地支在下，天干五行就是地下之五方，地支就是天上的十二辰。以太阳系来论，天上日月金水木土火为七政。天上每辰有三十度，而一周天为三百六十度，正配于十二地支，也就是每年有十二个月，而地下三十日成一月，十二个月正好组成一周天，也就是一年。凡学地理的应该注意这一点，五行是地理的立论基础。其根本在于日月之运行而成的一年四季十二月二十四节气。

文以载道。文字是用来承载道体的，天干与地支同样也具有承载作用。天干承载的是天之道，地支承载的是地之道；故知天干是入天之通道，地支是法地之通道。

在天成象，在地成形，在人成运。天道和地道决定着人道，故设天干地支以契天地人事之运。天地定位，干支以定时空，时空以定世界。干象天而支象地，万物虽然都长在地上，但是万物的生长却离不开天。可见干支是经纬之学！经，贯穿南北，连接上下；纬，贯穿东西，连接左右。干支，干象天而支象地。道法自然，法天象地，顶天立地，经天纬地。

二十四山

《青囊序》曰:" 先天罗经十二支，后天再用干与维，八干四维十二支，平分天地二十四。

古人将一个圆周 360 度分成二十四等份（即将八卦的每卦再分作 3 等份），这样平分的每个方位角各占 15 度，为一"山"。风水学上所称为坐"某山"，是指坐方在其 15 度的范围之内。

将八个天干中的甲、乙排于东方，丙、丁排于南方，庚、辛排于西方，壬、癸排于北方；然后将十二地支：子丑寅卯辰巳午未申酉戌亥插入其中；最后由乾、坤、艮、巽四维列入天地四角。共计 24 个字来分别命名。

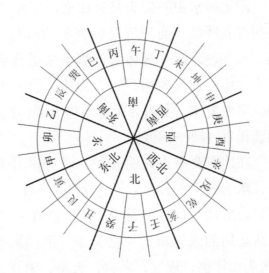

因为后天八卦为用，二十四山方位是风水的操作方位，所以二十四山所分属后天八卦，即坎卦壬子癸（居北方）、艮卦丑艮寅（东北方）、震卦甲卯乙（东方）、巽卦辰巽巳（东南方）、离卦丙午丁（南方）、坤卦未坤申（西南方）、兑卦庚酉辛（西方）、乾卦戌乾亥（西北方），这就是通常所说的"一卦管三山"。

二十四山方位在风水学上是最基础的知识，但也是最重要，最常用的知识，一定要牢牢记住。就像二十四山，精细地表示建筑物的坐向与天地宇宙的相互关系，并由此，可展开阴阳五行相生相克，八卦卦变爻变的吉凶辩证关系的论证。在中国风水学中，二十四山不仅可论门、房、灶的方位吉、凶，也可用于择日，诸如：坐午向子的阳宅，假如择日搬迁，则不宜选择子日，因为子日冲坐山的缘故。

峦头与理气的关系

风水学实践理论最高原则要求峦头与理气配合。

阳宅风水中的峦头是指住宅屋宇所在之周围环境及住宅室内空间摆放环境，而理气是根据阴阳五行、八卦、河图、洛书、神煞、八字、元运等理体系推算出来适合居住的宜忌，故此阳宅以峦头为体，理气为用，先天为体，后天为用，来龙为体，方向为用，室外为体，室内为用，结构为题，摆放为用，二者紧密联系，相辅相成，缺一不可。

在此需要重点说明一下，风水要峦头为体，理气为用，这已是风水学的千古名言，每一个爱好风水习风水的人，肯定都可以随口说出这句话。但是说归说，能在实践中时刻记住这句话，并灵活运用的人，却又少之又少。清初地理名师蒋大鸿也曾说过："峦头，体也；理气，末也；天星，末之末也"。所以不要听信一些笨蛋风水师张口闭口讲，理气比峦头更加重要，天星飞临就能大富大贵，罗经差一线，富贵便不见等等，这只不过是江湖术士小计骗钱混饭罢了。

一般观察宅运风水时，首先观察大小峦头与住宅之配合，（大峦头大是指住宅之周围环境，而小峦头是指室内之布局）再用罗盘或指南针，测量出住宅之坐向，然后用理气断出吉凶。观察阳宅最重要的是气口，其次要观察屋内布置是否自然，空气是否流通，再观察屋内卫生、防灾、防盗等细节是否完善。屋内忌阴森、曲折、歪斜等布局，因这一切都会影响到居住者的心理、情绪及精神，至令其事业、财运、社会地位等受影响。住宅之大门，好象人之呼吸器官，若吸入之气是清新的，则身体健康，若吸入之气是污浊的，则身体衰弱。故若大门能引入生气则吉，主人事兴隆，若引入之气凶，则人事易败。另外，宅运必须配合居住者之八字，五行是否与其住宅相配，而屋内分布是否宾主相配合，这也是非常重要和不能忽略的。

什么情况下应看风水？

风水学是中国古人留给我们宝贵的文化遗产，既然风水学在中国流传了几千年，自有他的魅力所在。可是什么时间看风水呢？我们先从专业方面上说说，看风水就是勘察风水，分析风水，检查风水，论证风水，选择风水。逢凶化吉，趋吉避凶。古人认为，风水可以改天命夺神功。一般的人都应该了解自己风水哪方面优缺点了。这对以后要做事时，或者需要改善优化风水时，心中就更有底了，也就不会亡羊补牢，病急乱投医了。合理的调整，则会薄积厚发，当水到渠成时，缘来福到。但是看风水就象看医生，一个人好端端的，当然不用看风水了，特别是家中运气正好，千万不要乱看风水，乱请风水师。有句话叫"穷不改门，富不迁坟"，其理就是不要乱看风水。不过在有些情况下，不看就不行了，正象一个人，有了病，如果不看，小病就会酿成大病。所以该请风水师时必须得请，而且要请名师，千万不要让庸师或是沽名钓誉，不学无术之辈不治病，反带来祸害。所以说我们要多了解一点风水基本知识，风水的基本法则，本书不同于市面上一般图书的地方，在于用专业的知识解释最深奥的玄理，形理结合，触类旁通，自会得到风水的真谛，自会辨别风水的优越，风水师的高低。

旺宅居家环境学

现总结一下什么情况下应当看风水，该认真考虑请风水师了：

做大事之前要抱慎初的心预先看风水。

家境平顺时更要用防范的心态看风水。像做定期体检一样。

无缘无故地发生很多意想不到的事情时。

住宅位置、工作地点（包括办公位置）变化时。

居家周围的环境发生很大变化时，如起了一栋楼，修了一道桥，移来或移走一棵大树、大石、雕塑，挖了一个水池时。

入住新居后，发生了很多突如其来的事。

稳定而又满意的工作突然无故发生了变动。

健康问题开始干扰家庭成员。

夫妻之间的无故争执变得比较频繁。

孩子的学业表现一落千丈。

家庭成员变得不喜欢回家。

经常无法控制自己的情绪及脾气。

如以上情况，最好请风水师看看，有可能会起到意想不到的效果，能对健康，家庭、财富，官贵等等有着深远而巨大的影响。

第二章
旺宅居家的整体风水

风水施加于居住环境的影响主要有三个方面：第一，是对基址的选择，即追求一种能在心理和生理上都能满足的地形条件；第二，是对居处环境的处理，包括自然环境的利用与改造，房屋的朝向、位置、尺度、出入口，道路，供水，排水的因素的安排；第三，是在上述基础上添加某种符号，以满足人们避凶趋吉的心理需求。

居家与风水的关系

风水不是迷信，人作为高级生命与自然界有千丝万缕的联系。人们在改变环境，建造休养空间时，都离不开风水学范畴。可是大家对风水学的了解又有多少呢，我们今天就讲讲旺宅居室风水问题。

一般来说，房子不宜随便改动，应在选房的时候就要避免问题。如果你已经买住了不满意的房子，又不能随便改，这就要在空间设计中去弥补房子先天留下的缺憾。

所有的门不能直冲，大门直冲有麻烦，所以要有阻。以前的四合院，都有照壁就是基于这个道理。进门口一般来讲都要有档。档的方位与人的走向要顺时针而动。

家的大门口一定要亮。那种闭锁的门和房子不好，证明了人的心态不开放，不坦然，说明感觉到不安全。

大门直对客厅，客厅沙发和餐台又这么相近，无论从风水还是从交通处理都不好且实际上浪费了空间。在大门进深一二米的地方做一个隔断，把电视机挡一下，看电视视线要比现在集中。其实就是不信风水，这种处理方式也不好。你的空间平面再大能大到哪里去。家本来就是一个有局限性的空间，人对空间大小的感受本来就是有一定尺度的，以为不隔挡空间感就大完全是误区。大空间感只有在一个有限度内，有对比的范围内才能产生。

在大门的旁边做一个玻璃墙面的隔断，不会一进大门之后一览无余，也符合风水。隔断的处理可以正对大门做一个类似照壁的形式，也可以参照这间房子的处理。最基本的是房子设计要舒服要有美感。美感舒畅本身就是风水的一部分。风水不是迷信。风水是风调雨顺的意思。

卧室厨房卫生间都是最重要的，卫生间要有窗户，没有窗的卫生间不好。真讲究的话，马桶、洗脸盆应该男女分用。最理想的是卫生间比卧室大，人才真正放松。

我们现在的好多户型设计卫生间都没有窗，这是非常不合理的。记住了，选房时一定要选有窗的卫生间，卫生间隐蔽在一个没窗的角落，即使不从风水讲，就是从空气的流通上看都不合理。有些开发商为了推销房子，对消费者说，没窗也不要紧，安一个排气扇一样排气。排气扇哪能跟窗相比呢？

现在的户型里，一般如果有双卫生间的话，其中一个大多没有窗，有一个方法就是痛下决心改成衣帽间，另一个办法是利用好灯光和处理好排风。

厨房不能关起来。做饭的时候主妇应该看到厅里玩的小孩。洗碗的位置一定要放在窗台，劳动是要愉快的。

厨房洗菜盆临窗安置，基本是世界性的规律。

空间设计考虑使用的功能之后，第一要讲究采光，最大限度地利用好房子的光源，千万不要有所损失。有些房子采光不好，可以用镜子和玻璃的材料弥补，颜色一定要尽量浅。第二要有气，气是透气，房子不仅要交通流畅，而且要空气通畅。

卧室要宽大。中国人希望有很多"房间"，几室几厅。要那么多房有什么用，要适当开放的空间。客厅大小无所谓，随和为好。

客厅不要直接看到卧室，主位很重要，主位要在阴面，副位要在阳面。

居家风水的内容

看宅之法，一般由远而近，自外而内，自通宅至分户房。古时勘察阳宅风水，必须先观其外局形势，再配合宅内佈局，看其三要六事与方位配合之吉凶，但随着时代的转变，现代环境与古代房屋环境都发生了很多的差别。古代阳宅风水理论中的"三要"

是指"门、主、灶"，即"大门、主卧、厨房"；"六事"又分"内六事"和"外六事"，内六事是指"门、路、灶、井、厕、磨"这六类，外六事是指"路、井、塘、邻、桥、山川"。三要指的屋居家最主要的三因素，内六事就是指院内对风水影响的重要参考因素。外六事也就是指院外的环境对整体风水影响的重要参考因素。到了现代社会传统的三要、内外六事也发生了变化，有些东西也不复存在了，所以我们在总结鉴定阳宅质量之好坏时，在古人的基础上，用科学的发展观来继承，与时俱进的思维来总结了现代版的三要，六事，以及结合三要六事带来的居家环保常识。

一、**外六事**：住家外之山川、河流、池塘、水沟、桥、高楼大厦、寺庙教堂、道路、电线杆、树木、左右邻居等。每一项对房屋均会产生吉凶的影响，其所在位置与房屋相对方位关系及形状、高低、颜色等因素，都要仔细观察。

二、**内六事**：住家内之大门、玄关、客厅、卧室、厨房、炉灶、餐厅、浴厕、书房、财位、文昌位、桃花位、仓库、庭院、窗户、楼梯、天花板、地板等。因这些与我们的日常生活息息相关，因此，对我们身心健康的影响也很大。

三、**居家环保常识**：例如空气质量、噪音、交通、治安、环境卫生、排水系统、土地质量等。这些直接影响身体健康的常识知识。

现代风水学学经过长久演变，立论更多，一切更具实质。随着时代的发展，阳宅发生了翻天覆地的变化，并让位于自来水，厕变成了使用抽水马桶的卫生间并由宅外移到了室内，牲兽栏和庙宇多数远离住宅等等，自然地理环境和人文环境变得更适合人类居住，这也体现了时代的进步性。但对于风水理论万变不离其宗，"山环水抱、山水有情，藏风聚气"、"负阴而抱阳"仍然是建造阳宅的基本原则。

古书记载旺宅居家风水 30 则

城乡取裁不同

乡村气涣，立宅取裁之法，以山水兼得为佳；城市气聚，虽无水可收，而有邻屋之凹凸高低，街道之阔狭曲直。凹者低者阔者曲动者为水；直者凸狭者特高者为山。

挨星

阳宅挨星，与阴阳无异，以受气之元运为主，山向飞星，与客星之加临为用。阴宅重向水，阳宅重门向。然门向所以纳气，如门外有水放光，较路尤重，衰旺凭水，权衡在星之理，盖亦无稍异也。

屋向门向

凡新造之宅，屋向与门向并重。先从屋向断外六事之得失，倘不验再从门向断之；若屋向既验，不必复参门向，反之，验在门向，亦可不问屋向也。

堂局环境

凡看阳宅，先看山川形势气脉之是否合局，后看路与周围之外六事，及邻家屋脊牌坊旗杆坟墩古树等物，落何星宫，辨衰旺以断吉凶。

大门旁开

凡阳宅以大门向首所纳之气断吉凶，大门旁开者，则用大门向与正屋向，合两盘观之，外吉内凶，难除瑕疵；内吉外凶，仅许小康。

屋大门小

凡屋与门须大小相称，若屋大门小，主不吉，然屋向门向皆旺，屋大门小亦无妨。

乘旺开门

凡旧屋欲开旺门，须从旧屋起造时，某运之飞星推算。如一白运立壬山丙向，旺星到坐，原非吉屋，到三碧运在甲方开门，方能吸收旺气，缘起造时向上飞星三碧到震，交三运乘时得令，非为地盘之震三也，若开卯门亦须兼甲，以能山向元同之气也。

新开旺门

凡旧屋新开旺门后，其断法，可竟用门向，不用屋向也，打灶作房，亦从门向上定方位，此指旺门大开，原有大门堵塞或紧闭者而言，须辨方向之阴阳顺逆与乘时立向无异，若开便门以通旺气，则取同元一气，仍照起灶立极之屋向断之可也。

旺门蔽塞

凡所开旺门，前面有屋蔽塞，不能直达，从旁再开一低小便门以通旺门，则小门只作路气论，不必下盘。

旺门地高

旺门门外有水，本主大吉，但门基反高于屋基者，虽有旺水不能吸收；门基高于门内之明堂者亦然，若门外路高，当别论也。

里同

凡宅内有里同，不见日光者，作阴气论，二黑或五黄加临，主其家见鬼，即使不逢此二者，亦属不吉。

造灶

不论宅之生旺衰死方，均可打灶，但生旺方可避则避。以火门为重，灶神坐庙可弗问焉。火门向一白为水火既济，向三碧四绿为木生火，均为吉灶，灶门向八白，火生土为中吉，向九紫亦作次吉论，但宫究嫌火大炽盛耳，六白七赤火门不宜向，因火门所朝之向，乃造屋时向上飞星所到之活方位，兆指地盘九星言也。

粪窖牛池

秽浊不宜响迹，五黄加临则主瘟疫，二黑飞到亦罹疾病，以较远之退气方为宜。

隔运添造

凡屋同运起造，固以正屋为主，如后运添造前后进，或侧屋而不开另大门者，亦仍作初运论，不作两运排也。若添造之屋另开一门独自出入，方作两运排，倘因后运添造而更改大门，则全宅概作后运论可也。

分房挨星

凡某运起造之宅，至下运分作两房者，仍以起造时之宅星图

为主，而以两边私门为用，盖星运定于起造，不因分房而变动。分房以后，各以所住局部之星气推断吉凶可也，同运分房者类推。

数家同居

宅之中数家或数十家同居，断法以各家私门作主，诸家往来之路为用，看其路之远近衰旺，即知其气之亲疏得失也。

分宅

宅划作内室，另立私门者，从私门算；但全宅通达毗连，仍作一家排，不从两宅断也。

逢囚不囚

向星入中之运，如二四六八进之屋，逢囚不囚者何也，因中宫必有明堂，气空可作水论，向星入水，故囚不往。若一三五七进之屋，中宫为屋，入中便囚，但向上有水放光者，亦囚不住。

店铺

凡看店铺，以门向为君，次格柜台，又次格财神，俱要配合生旺，若门吉，柜台凶，财神凶，吉中有疵，主伙友不和或多阻隔，其衰旺之气，皆从门向吸受。

吉凶方高

宅之吉方高耸，年月飞星来生助越吉；来克泄则凶。若凶方高耸，年月飞星来克泄反吉；来生助则凶。此指山上龙之方位也。（按：即山星挨到之方位也。）

竹木遮蔽

阳宅旺方有树木遮蔽，主不吉，竹遮则无碍，然亦须疏朗，因竹通气故也。衰死方有树木反宜。

一白衰方

阳宅衰气之一白方，有邻家屋脊冲射者，主服盐卤死，兽头更甚。

财丁秀

财气当从宅之向水或旁水，看旺在何方，加太岁断之。功名当从向上飞星之一白四绿方，看峰峦或三叉交会，流神屈曲处，加太岁合年命断之。丁气，当从宅之坐下及当运之山星断之，其验乃神。

流年衰死重临与旺星到向

阳宅衰死到向是某字，逢流年飞星到向又为某字，（即岁星运星并临）主伤丁。旺星不到向之衰宅，逢流年旺星到向，亦转主发祸，阴宅同断。（若生气到向或有城门诀可用者例外）

鬼怪

衰死方屋外有高山或屋脊，屋内不见，名为暗梁，屋运衰时，阴卦主出鬼，阳主出怪，然必须太岁月日时加临乃应，初现时有影无形，久而弥显，或颠倒对象，捉弄生人。枯树冲射，屋运衰时，阴卦亦主鬼，阳卦主神，阴阳互见主妖怪。

路气

路为进气之由来，衰旺随之吸引，离宅远者应微，然亦忌冲射，名为穿砂，有凶无吉，二宅皆然，贴宅近路与宅中内路，尤关吉凶，故内路宜取向上飞星之生旺方，合三般者吉；而外路，亦须论一曲之首尾，察三湾之两头，看其方位落何星卦，湾曲处作来气，横直者作止气，其法系从门上所风者排也，天无五歌云："酸浆入酪不堪斟，即言屋吉路凶之咎也。"

井

井为有源之水，光气凝聚而上腾，在水里龙神之生旺方作文笔论，落在衰死克主凶祸，阴宅亦然。

塔

塔是挺秀之形，名曰"文笔"，在飞星之一四一六方，当运主科名，失运亦主文秀。若在飞星七九二五方，主兴灾作祸，克煞同断，阴宅亦然。

桥

桥在生旺方，能受荫，落衰死方则招殃，石桥力大，木桥力轻，二宅同断。

田角

取兜情，忌反背尖射，二宅皆然。

好的居家环境带来好运程

鸿运当头之人，配合吉利的气场环境，吉上加吉，必有得心应手，左右逢源之妙。相反，正行败运之人，如果再住到凶宅，其命运必会雪上加霜，重者甚至凶祸连连。命运与风水，两者是相辅相承的。对一个正行好运的人来说，如果不幸住到凶宅，则其吉庆有减。但一般情况下，行好运之人如果平时能注意积德行善，自然能避开凶方。对正行败运的人来说，如果侥幸住到吉宅，亦会起到雪中送炭的作用，甚至转祸为祥。但这种情况多发生于通过玄学预测后所进行的人为化解，主动迁往吉方。

一个人出生以后，八字是相对固定的，与此相对应，其命运轨迹也相对固定。但是，风水参与后，随着周围环境的改变，人体内的气场会随着外围环境的变化而有所改变，日积月累以后，人体内的气场会由量变到质变，命运轨迹就会逐步中和成风水好坏的结果，从而起到增吉减凶的作用。一般来说，命运受风水的影响而由好变坏是由 15 天至一年开始的。由坏变好，需要一年以上的时间。好的时间越长，再变坏的时间也需要更长。另外，即使同样是好命，但风水参与后，其好的程度也不一样。比如命中注定是小富小贵，但如果风水调配得宜，则有可能提升为中富中贵、甚至大富大贵。同理，同样是贫困之命，如果风水调配得宜，则可能不显其凶了。八字只显示发财，不知道发多少财，但风水可以显示钱财的多少，这就是风水改变命运的魅力所在，也是越来越多的人们喜欢相信风水的原因。还有一个方法就是《了凡四训》

所讲袁了凡的改命法，但符合风水上福地富人居的原则也是一样的，有异曲同工之妙。

改造风水的主要方法

蔡牧堂曰：山川之融结在天，而山水之裁成在人。自然之龙就有自然之向，什么事情都没有百分之百完美的。完全符合要求的风水宝地也是不多的。有的地方有来龙，无护砂，或边有变无；有的地方有来龙，却没有护峡。还有的地方余气太长。这些风水学认为是地理上的不足，有些可以通过人工进行改造、人工补救，按照现代的风水学，结合传统文化的理念，有如下几个方面：

开渠引水

对于缺水的穴位应开渠引水或筑塘蓄水来补救。来龙入首开帐，顿起穴星，左右护砂，前有明堂，但明堂倾出，水不融聚，需要筑坝为大塘，以聚水于穴前，这样来龙贯气，护砂藏风，明堂得水，这就成了大吉地。对于一个村庄，如果附近有河流，也有采取开渠引水的方法进行改造和利用。如穴前有溪水经过，来水急躁宜筑坎坝缓急而留之，如来水"撞城反背"，可将河流改道，使成环护状。不过对大江大河，这种方法就行不通了。因此也应该按"了解自然，利用自然，改造自然，顺应自然"四大原则进行调整。

培龙补砂

土有余，当辟则辟；山不足，当培则培。来龙低平，砂山低缺，可以人工挑土垫高填补，并植树以增加高度，以达到避风，调整温度湿度和降温的目的。但这种方法力量小，因客土无气脉。

修补住宅

如改变原住宅的大门朝向，改变门窗的大小尺寸，改变住宅内部的布局，以符合理气"风水理论"的要求，对于正对大道或大街的住宅，可采用建照壁的办法加以遮挡，照壁建在门外或门内。其用意一为挡风，二为避煞。

采用风水镇物

风水学上的镇物有许多种，如镇河的宝塔。河水湍急，常常泛滥成灾，建宝塔以镇之。桥亦有镇邪的功能，风水学认为，在水口建桥，可以起关护的作用，能使镇村留住财气。来龙形势急猛逆折，有不羁之象，宜建塔楼以镇之。"石敢当"也是一种镇宅之物，常是在正对大路，大街的方向上立石头，以挡邪镇宅。另外还有一镇物为符，它是一种书写的文字或图画，如："五岳镇宅符"用桃木为板，上有朱书五岳神符。《阳宅十书·论符镇》中说："五岳镇宅符：凡人家宅不安，或凶神邪鬼作怪，此符镇之大吉。"。但我建议，此种方法没有十足的把握尽量少用，或者干脆就别用。

植物盆景调整

许多人都知道利用大叶植物和仙人球挡煞。如住宅周围有物体尖角冲煞，就可以在窗外或门外对着尖角的方向摆放挡煞，而且效果很好。众所周知，植物可吸二氧化碳，放出氧气，将其摆放在房内即可供氧，也可以它的枝叶来挡煞避邪，如果有冲煞之形对着门口，则应在刚进门的迎面处摆放相应植物，这样不但可以避挡煞气，还能起到招财进宝的作用。此外还可使用挂风铃、挂宝葫芦、摆放石狮子、麒麟、养金鱼、等物进行避邪助运。

选购房风水需知

选购房屋是人的一件大事，人们都希望挑得一间上风上水的旺宅来居住，但却不知应该如何选择？现在我就用科学的方法，将选楼的几个要点介绍出来，作为各位买楼时的参考：

旺宅忌路冲

路冲为第一大煞，好像被长矛刺伤一样容易发生事故，常比喻为暗箭煞。不管都市或农村，由于规划原因造成一些奇怪的现象，有些屋宇竟然是遭到路冲，风水上路冲危害极大，人居于其中，常遭人暗算，发生意外之祸，对后代亦十分不利。举个例子，路冲房子，如果来往的车辆或者其他的什么没有刹住，那么就直接撞进来了，无端生祸。水冲一样看，水直朝来最不祥，一条直是一条枪。"

住宅忌建于高架桥天桥旁边

高架路或天桥边，位于这些地方的房屋，经常饱受噪音污染及长期的震动，易造成精神衰落；如果于天桥或高架路回转处之圆弧外缘，如镰刀之拦腰切来，这样的危害更大。当你开窗户时，看到汽车朝眼前开来，本能的反应第一时间躲避，可实际结果是汽车并没有朝房子上开，虚惊一场，久而久之，要么不开窗换气通风，容易生病，要么神经衰弱，反映迟钝。

尖锐立物，冲煞严重

尖锐多角的一般包括高楼的设计，墙角，大型景观雕塑或石头棱角，即使是立于公共场所，也要看做大煞。如果是在自家住宅附近，冲煞更严重，尤其是近距离内冲到门窗者更甚。主要表现在心理别扭难受上。

剪刀口上不宜住家

屋宅、大楼位于多叉路口其内角度通常低于90度者，形成剪刀煞。屋宅、大楼群由于设计原因自身形成类似剪刀形结构，从而也导致剪刀煞。或由两条高架桥交叉而来，一上一下，形成如剪刀之势，位于剪刀口上的住宅其煞难当，对居住其中者身心皆有害。导致财富、人丁伤害，尤其对主人极其不利。民谚有"路剪房，见伤亡"之说。

开门见树大凶

门前有大树，不要以为大树绿化，空气清新，这类煞气城市、农村都常见，住进这样房子的屋主，要小心。这种煞气会使您家中成员发生车祸、身体虚弱或是官非连连等不好的现象。最忌门前正对着一棵大树或电杆，高压电塔更忌。因为树本身阴气重，会阻挡阳气进入，而电杆或高压电塔本身磁场极强，会干扰住宅正常的磁场，造成不良的影响。

旺宅居家环境学

旺宅忌选在危险之地

居家近旁有化工厂、储存危险物品的仓库或加油站，大门对着法院或警局、医院、殡仪馆等，会受到不良之“气”的影响。因为这些地点除了本身危险因素外，进出其间的不是犯罪就是生病、倒运之人，甚至有思想过激，情绪化严重之人，故房子或大门对着这些地方都算危险地带，确实不佳。

透明之屋不适合住家

四下透明的玻璃帷幕建筑，只适合做无私密性顾虑的办公室，用来做住家，风水上犯了“泻”，你想，在外面什么都能看得见，显得生活赤裸裸的，整天生活中毫无隐私，钱财物品的安全也是一个考验，所以容易破财，除了这些还有容易心神不宁，家人易生口角，女性亦易发生外遇。

门前反弓内射大凶

顾名思义，就是物体呈现弧形状向外拱出，犹如弓箭射向屋宅的煞气。反弓煞在室内和室外都易出现。如“反弓水”住宅前的河成反弓之状。如“反弓路”路呈弯曲型，住宅之门正对此路。如“反弓建筑”圆形建筑，这类煞气导致气流混乱，致使住在屋内的人心情烦躁、易发生伤灾、家庭不和、口舌是非等，而且更有甚者造成对小孩、财产影响比较大。更怕对面又有电线杆或直立的大树，正好形成“一箭穿心”格局。

小桥冲屋家败财散

如果住家附近有小桥冲射和前面讲的路冲，水冲一样，一定要避免，否则不但家庭衰败，财气散尽，居住其中之人恐怕健康堪虞。

水景位置有讲究

现如今，水景住宅成时髦，岂不知水景的布置有讲究！购房者对有水景旁的住房一定要慎重选择。水景房出发点就是讲究风水的，一个社区，有风水好的，就有风水不好的，不可能面面俱到，选得好，财运大盛，选得不好，破财连连，身体受损。一般选择房子前面有水，水聚为好，水流走为差。

圆形之屋不宜居住

天园地方，圆形主动，方形主静，住家宜静不宜动，所以圆形之屋只可做商场，不宜做住家。

面对地下停车场入口

地下停车场是气下泻之处，低层住家或商店大门靠近入口，势难聚气，很难获得发展。当然了，房子更怕停车场的出口冲住。都住破财或不聚财。

入门先见厨厕，退运之宅

所有的屋子，入门必见客厅。现代的建筑设计，有时为了考虑空间的配置，一进门往往先见到厨房、餐厅或浴厕。这是阳宅的大忌，也不合常理，居住其中，家运必衰。

客厅在屋子正中大吉

一般住宅，如果起居室或客厅，设在整幢房子的正中间，这是一种大吉之象，可使家运昌隆。客厅易大不宜小。

大门直通到底，麻烦不断

居家忌象宾馆饭店一样，一条长廊连着一排数个房间，否则易发生外遇现象，难得平安。

屋内房门，开门方向应一致

屋内房门，开门方向应一致，这一点从门把手就可以断定。最忌一扇左开，一扇右开，不管向左向右都可以。

风大不宜

应该先在房屋周围巡视一番，看看附近的环境是否有缺陷。

首先应该注意风势，倘若发觉房屋附近风大，十分急劲，那便不宜选购了！因为即使那间房屋真的有旺气凝聚，也会被疾风吹散无遗。风水学最重视"藏风聚气"，这表示风势急劲的地方肯定不会是旺地。

但要留意一点，风势过大固然不妙，但倘若风势过缓，空气不大流通，那亦绝非所宜。最理想的居住环境，是有柔和的轻风徐徐吹来，清风吹爽，这才符合风水之道。

阳光充足

阳宅风水最讲究阳光空气，所以选择房屋居住，非但要空气清爽，而且还要阳光充足！阳光不足的房屋，往往阴气过重，会导致家宅不宁，实在不宜居住。

举例来说，一间阳光不足的房屋，进门便是一条长长窄窄的走廊，而客厅及饭厅几乎没有窗，户外的阳光因而难以透入，比较阴暗；这样的房屋，不论是空气与阳光均嫌不足，可说是一泓阴沉的死水，全无生机。

中心受污

这是指房屋的中心部位不宜用作厕所，否则这便有如人的心脏堆积废物，那自然是凶多吉少了！

如厕所刚巧是在房屋的正中部位，那便不宜选作居所。

倘若厕所并不是位于房屋中心，但却位于房屋后半部的中心，刚与大门成一直线，那亦不宜选作居所，因为这很可能导致破财损丁。

地势宜平

倘若房屋位于斜坡之上，那么在选购时便要特别小心观察周围环境。因为从风水角度来看，地势平坦的房屋较为可靠，而斜坡则颇多凶险。如果房屋的大门对正一条甚为倾斜的山坡，那便不应选作居所，因为不单会使家财泻漏，而且还会家人离散，一去不回。一般来说，斜坡上的房屋易漏财，而斜坡下的房屋则易损丁。如果房屋位于急冲而下的斜坡底，因煞气太急太劲，往往会导致人口伤亡。

忌天斩煞

所谓"天斩煞"，是指两幢高楼大厦之间的一条狭窄空隙；就像用刀从半空斩成两半，故此称为天斩煞。

　　倘若房屋面对"天斩煞"，很可能会有血光之灾；空隙愈窄长便愈凶，距离愈贴近便愈凶！故此不宜选择面对天斩煞的房屋居住，若是在房子的背后有另一建筑物填补空隙则不妨。

远离烟囱

　　风水学古籍《阳宅撮要》有云："烟囱对床主难产"，由此可知烟囱对健康有损！所以睡房窗外多烟囱，这些房屋便不宜选作栖身的安居之所了！撇开风水不谈，单从环境卫生来说，烟囱密集的地区均不宜居住，因为从烟囱喷出的煤烟火屑，便足以损害健康了！更别说烟囱的废气排放污染环境。

衙前庙后

　　这是指官府衙门（特别是警署及军营）的前面，以及寺院道观的前后左右面，这些地方均不宜一般人员居住。

　　原因是衙门杀气重，倘若住在它的对面，便会首当其冲，承受不起便会有人口伤亡；寺庙是神仙所凝聚之处阳气太重，人住得太近则并不适宜。

街巷直冲

风水学阴阳宅都是"喜回旋忌直冲"，因为直冲的来势急剧，倘若居所首当其冲，则为患甚大，不可不慎。

故此各位前往选楼时，不妨先在房屋周围察看一番，看看房屋的前后左右是否有街巷直冲的情况出现。如房屋的大门对正直冲而来的马路，那条马路愈长便凶险愈大，车愈多则祸患愈多。因此有人称之为"虎口屋"，表示难以在其中安居。

购旺宅风水原则

如果你要购置新居，确实是一件值得恭喜之事，但是选择楼宇时，应该注意些什么呢？若是和朋友一起选择新居时，应提供何种见意呢？以下便是买一个好的楼房常留意的原则：

坐向要当旺

阳宅风水在于坐向是否当运，立向得旺气则吉，得衰气则凶，所以《玄机赋》有云：向首一星灾祸柄。阳宅风水中的坐向一般不淡单单以一套房的大门为向，而是"以动以阳为向"，尤其是现代的楼房，是以比较大的窗户为进气口。判断一栋楼是否当运，要以三元九星的玄空法来做计算，有如下两种方法：

1. 收山收水

拨水入零堂，也就是零神和正神之说。例如八运（2004～2023 年）的正神方是东北方艮方，零神方是西南方坤方，所以如在东北方有水（或马路）则是旺财之宅，如在西南方有水则是破财之宅。

旺宅居家环境学

2. 旺山旺向

玄空风水中最好的格局。我们常说，山主人丁水主财，山上龙神不下水，水里龙神不上山。例如八运旺山旺向是坐西南向东北方的楼宇。还有抽汕尾，未山丑，乾山巽，巽山乾，亥山巳，巳山亥向。

大门要旺

在阳宅风水中，大门是至关重要的。《阳宅三要》中将"门"、"主"，"灶"称为三要。门乃进出之路。《八宅明镜》中有云："阳宅首重大门，以大门为气口，纳气旺则吉，衰气则凶"。又云："宅以门为吉凶，路为助，门向辨"。

自古以来大门的选择的方法如下：

1. 门命相配

卦是个人命卦，也就是常说的东四命和西四命。按照这个方法，大门要与命卦相配，开门要开在生气方和延年方以收旺气。

2. 吉星到门

这个方法是运用玄空风水法来计算的。也就是当运旺星到门，能收山化煞，定能丁财两旺。财星（水）到门见真水主发财，丁星到坐山见真山主丁旺。若立向不当旺时，门也可起到城门作用。

主房宜配命

主房风水最重聚气，最好配合主命。看风水，以一家之主的肖命为主，尤其床的位置最好放在主房小太极的人丁吉位，同时不要存在形煞。例如：房门冲楼梯、房门冲厕所或厨房、横梁压顶、房内阴湿、房灯下垂等等。

外环境（峦头）忌煞气

购买房子，周边的环境也相当重要，也就是风水上所说的峦头，峦头是指室外山水的形势，看山水形势之有情无情。阳宅家居风水首重峦头，其影响近乎一半。所以一定要注意周边有没有煞气存在，如低压煞（四面有楼、天桥、招牌下压等）、反光煞（强光反射）、声煞、气味煞、割脚煞（过近马路）、镰刀煞（桥或马路成反弓）、白虎煞（楼宇右方有动土）、穿心煞（走廊过长）、飞刃煞、冲煞等；此外房屋也不要对正政府机关、消防队、医院、变压器、垃圾站、电线杆等煞气重的地方。

房子要方正

做人要方正，屋相也要方正。屋相如人相，屋也一样，一定要方方正正，大忌三尖八角，人与屋是有感应的。如果你住的房子是方方正正的，久而久之为人处事都会公公正正，而长相也会有变化，随时间的变异男的长相会变得方方正正，女的会变得端庄大方。反之，如果你居住的房子是不方正的，时间一长，人的心也

旺宅居家环境学

会变得歪斜，而长相上鼻子及腰骨都会变弯曲。同时，方正的房子给人一种稳定安全的感觉，而不方正的房子给人一种不安全的感觉。

阴阳要平衡

中国易经的追求的境界在于阴阳的平衡，人要阴阳平衡，房屋要阴阳平衡，房屋的光线也要阴阳平衡。书云：阴阳者，天地之理也。暗属阴，光属阳，阴阳平衡万物得以生长。"孤阴不生，独阳不长，阴阳调合，百事俱昌"。室内要阴阳得当。房子的窗户太多，阳气过盛，财也难聚；窗户少，终日不见阳光，太暗，阴气重，容易招致阴灵作怪，病痛多。所以房子的光线适中，阴阳平衡，则财运也好，身体也会好。

室内布局忌直冲

大门直冲阳台、窗户，前后门相对冲，前后窗户相对，阳台与窗户对冲，这此都是风水大忌，会导致以下问题，一是财运不吉，易破财，易招是非；二是身体也不好，易生急病；三是家庭不睦，夫妻易生磨擦。

大小要适中

买房子不要认为越大越好，最好要根据居住的人口多少而决定大小，太大或太小都不好。屋大人小，阴多阳少，主疾病纠缠，灵异寄居；屋小人多，阳多阴少，主脾气暴躁，官灾是非多多。若是贷款买房，更要考虑支付贷款问题，不要做一个房奴，给自己造成不必要的压力，解脱心理上的煎熬。

居家楼宇颜色的讲究

色彩的分类是根据颜色对人心理产生的影响，分为暖、冷两类色调。但我们在选择房子或装修房子时，对颜色应该有所了解。长期的研究表明，一般选择颜色明亮的房子为上。居住其内人的面相气色会受影响，一般分为，红光满面主运气好，暗淡主运气差。其实楼宇也是有气色可观察的。如是新楼，一定是选择较为暖和色彩的楼宇，大红大绿或是太过阴暗的颜色都不好。有不少这样的例子，在中心区有两个楼宇，一个是大红的，结果是是非多多，血光不断，而在其隔壁新起了一个楼宇，其颜色恰恰相反，外面是暗色，裙楼用大理石，外表非常之暗，阴气过大，有如公墓一样，死气沉沉，如是旧楼，从外表就可知此楼宇之吉凶。风水好的楼宇，其外墙有光泽透出，猛一看就像刚粉刷过一样，这是宅运外露的表现。

居家楼层对应的五行数

住宅风水楼层的选择，要结合居住人的命理来决定。运用河图之数与五行之间的对应关系来选择楼层，这种方法在目前非常流行。楼层五行来源于河图，因为河图是先天之数为体，房子楼层相对于人选购来说也是先建造，为体，所以要用河图五行。

风水理论认为，人是风水研究的核心，楼宇的层数五行，作用于居住人的命理五行，助主命，按吉论。克主命，作不吉论。而主命五行克层数五行，中等论。河图数是自一至十。其位序，一、二、三、四、五是生数，居内；六、七、八、九、十是成数，居外。既天一生水，地六成之；地二生火，天七成之；天三生木，地八成之；地四生金，天九成之；天五生土，地十成之。河图之数的五行属性是：一、六为水，二、七为火，三、八为木，四、九为金，五、十为土。即

一楼及六楼属于北方，属水

二楼及七楼属于南方，属火

三楼及八楼属于东方，属木

四楼及九楼属于西方，属金

五楼及十楼属于中央，属土

如果是15楼，那么尾数是5，对应上面得知为土，喜欢土的人，及（土生金）喜欢金的人适合居住这个楼层。

五行相生关系：金生水，水生木，木生火，火生土，土生金

五行相克关系：金克木，木克土，土克水，水克火，火克金

举个例子：生肖属猪的人，五行属水，居住在一楼或六楼，则水可助其主命水，吉论；居住在四楼或九楼，则金生其主命水，吉论；居住在五楼或十楼，则土克其主命水，凶论；居住在三楼或八楼，则木泄其主命水，凶论；居住在二楼或七楼，则火被其主命水克制，中等论。但需要注意的是楼层五行风水选择，只是风水博大文化中的一个分支，不必太过苛求。也希望大家都能够选择好

的楼层，适合自己的楼层，这样会给你带来吉祥

忌滥用"人造地理"

自古以来，荫生大富贵的风水都出于天造地设，名师之手。虽有裁剪补救的方法，但也只是随原来的地形略施增减而已，至于"无中生有"的作法，则从未闻过。天然的山水，岂是小小人力所能"做"成的？况且富贵之人，自于天运、祖先积德、风水荫育，多行善事，还有个人后天的不断努力，小小的"人造风水"怎能扭转乾坤？因此，想出及相信这些花招的人，也未免头脑太简单了！

因此，"过分的"靠人造地理改命是十分荒唐的。切记，多做善事，努力拼搏，研究风水，寻访名师，遵从自然，把原来的地形在合理的范围之内，略做增减就会起到意想不到的效果，千万不可人工妄求。在自己懂的前提下，选择或造葬才是获得大风生水的基本捷径。试看天下出伟人的风水宝地，有几个不是自己做的，

可见学习风水的重要性。

　　当今社会，没有人不希望拥有更多的财富。于是，有些不道德的风水师，便想出一套花招，以迎合一些盲目喜欢风水的心人理，那就是"人造地理"：例如有一位风水师在某地造坟，竟动用了多辆卡车搬运泥土，堆成一座假山，目的无非是取"靠山"之意。还有许多护砂是用挖土机、推土机"造"出来的，甚至有人预先将某个地方做成某种形状，然后按找地理书上的喝形图，取个好听的名字，再用之行骗人之勾当等等，不一而足，令人慨叹。

　　实际这种不懂风水，乱信风水的人和完全不知道风水是什么东西，就把风水打倒的人一样，可称为是迷信之人。你想，什么样的人说风水你就相信，自己完全没有主见，不是太迷恋于别人。自己不知道风水为何物，还自我崇拜，不是太迷恋自己吗？这些人都犯了一个迷而信的毛病。

第三章　旺宅外部环境风水

风水选址要旨"藏风聚气"，故讲究山清水秀、山环水抱，强调天人合一，即人与自然、人与人，自然与自然的和谐。具有好的风水的地形、建筑或是建筑的细部构件不仅有满足人们生理和心理上的需求，好的风水也同时具有美的形式。

最好的住宅环境模式

风水实际上是研究人和自然之间关系的学问。古代风水学所依据的理论体系是"天人合一"，追求人与自然的融洽和谐。这种哲学观念长期影响着人们的意识形态和生活方式，造成了我－们民族崇尚自然的风尚。

古代风水师在选择居住环境时，往往认为："山环水抱"、"藏风聚气"的地方最佳。"山环水抱"之处直接受到山水灵秀之气的润泽，无论从磁场学、美学还是心理学的角度来看，都是非常理想的选择。可是佳山秀水又环抱有情的地方毕竟太少，都市中的住宅区往往处于楼群、道路、厂房之间。在这样的条件下，我们只好多从"藏风聚气"的角度来作考虑了。在古风水学中，选址是一件很复杂的事，不但要求特别多，而且各风水门派之间也存在着差异和分歧。更难理解的一点是，每个人理想的风水模式都是不一样的，并不是"吉地"俱发而"凶地"俱败。我们在这里只从最专业上讲一些最基本的选址常识。

要想选择一个好的住宅位，必须按照了解自然、利用自然、改造自然、顺应自然的四大原则。峦头为体，理气为用。一定不能粗心大意，要将周边环境仔细看清楚，以做到一目了然，然后运用理气则相结合，才能胸有成竹。

旺宅位置宜忌

人因宅而立，宅因人而存，人宅相通，感应天地。一般来说好的住宅必须具备三个基本条件：一是环境位置好，二是建设格局好，三是有气势。《黄帝宅经》中说："夫宅者，乃是阴阳之枢纽，人伦之轨模。非夫博物明贤，无能悟斯道也。"所以选择住宅时要目光如炬，仔细考察，精心判断，还要特别注意以下几个问题。

一是立交桥旁，一般来说立交桥旁的交通并不方便，而且住宅的高度被压制，周围发展的视野及气脉均被隔断。立交桥为交通要道，车辆往来，噪音极大，空气质量低劣，常有交通事故发生，极大地影响居住心态。而且高速通行的车辆产生涡旋气流会对居住者的身体产生伤害，风水上有种不留财或退财之说。尤其是立交桥下最近的住户。

二是交叉的大道旁，因为大道的交叉处产生的影响力和立交桥处差不多。不但尘土飞扬，对于一些车辆的躲避也是很严重的考验，居住于此，日常起居都不得安宁。财运方面就像车来车去一样不留财，或者说财是别人的留不住。

三是高压电塔和电台电视塔信号塔旁，因为这些地方会产生很强的电磁波，如果人体长期接触这种较强的电磁波，就会使人的神经系统和免疫系统受到破坏，可能会引起多种较严重的疾病。因此，这些地方最好不要居住。

四是加油站旁，加油站是一个隐形的炸弹，火灾隐患和车辆往来噪音，汽油的挥发等等，都会使居住在此的人烦躁不安，心神不宁，工作没有激情，生活没有动力，金钱没有欲望。

五是位于玻璃幕墙对面。这种说法在风水上叫光煞，比如屋宅前面对一所大厦，其外墙全是由镜、玻璃组成，镜子受阳光照射后反射到屋内，犯之主脾气暴躁、血光之灾。科学上把光煞叫光污染。受害最深的是现代都市人。光煞可分成多类，如白亮光煞，人工白昼和彩光污染。白亮光煞指阳光照射强烈时，城市里建筑物的玻璃幕墙，釉面砖墙，磨光大理石和各种涂料等装饰反射光线，明晃白亮，眩眼夺目。人工白昼指夜幕降临后，商场，酒店上的广告灯，霓虹灯闪烁夺目，令人眼花缭乱。

六是阳台或主卧室不可正对大路呈一条直线，或阳台或主卧室正对附近建筑物的转角、尖角或大路冲来，就像一个楔子，打进住宅中心，风水学叫尖刀煞、枪煞。居住在这种住宅里会使人觉得难以忍受，心情很差，易得血光之灾、疾病等。

七是建在靠近铁路旁的住宅。火车的速度很快，高速来往的火车会产生很强的气流旋涡，并且气笛鸣叫，使人不能安宁，对人身体健康不利。

八是住宅的周围建筑都很高，自己的住宅很小，向外视野被遮蔽，使人有被围困之感，发展将受到严重影响。

九是住宅的阳台及窗外不可看到坟场、墓地等不洁之物，或者面对工厂烟囱。居住者的心理会到较大受影响，甚至会经常作恶梦，对健康不利。

十是住宅不可建造在离松软的山体太近，因为松软的山体可能会在大瀑雨时滑坡，可能会产生严重的后果

住宅是人类繁延生息的地方，是人们养精蓄锐的场所，对人们起着特殊的保护作用。因此，历来都有安居乐业之说。所以建造或选择住宅时，一定要以科学辩证的观点，用心体会，细意观察，才能建造和选择到对人体身心健康有良好作用的藏风聚气、称心如意的好房屋。

影响住宅风水的建筑物

住宅风水学的核心简洁的表述为"环境时空学"。除了自身格局以外，如山山水水、建筑道路，一院一屋、一池一石等，其大无外，其小无内，对房子的影响都极其紧密。在这里，我们重点讨论一下现代风水中，住宅周边建筑物对风水所产生的影响。

医院

邻近医院的住宅楼房在风水学上是犯阴煞，生老病死是人生必经阶段，出生在医院，病了进医院，老来常到医院，最后死在医院。如果居住的地方在医院附近，在风水上是不好的，简单解释如下：医院有许多病人居住，病菌必多；住院之人，运气必滞。如此多的滞气积聚在一起，势必对周边的气场有重大影响；医院天天有人要开刀手术，煞气过重，这也会影响周边的磁场；医院常会有病人病故，有些人是死不瞑目，其冤气会影响周边气场。

假如家中只是遥望著医院，看不见医院的实际情况，风水上并不构成影响。除非医院的外形很特别，则整座建筑物在风水上产生效应，如方形建筑物属木，尖形属火，圆形属水等。不过一般医院的设计较简单，外观上对风水影响不大。如果你真的离医院很近的话，可以有以下三个方法化解：

①要开当运之屋门或是房门，吸纳旺气；

②注重卫生，细菌就难以入侵；

③要有宗教信仰，如信佛等，这样就能用宗教的高灵能量来增加住宅的气场。

教堂、寺庙

古代地理书有不葬神前庙后之说。在风水学上，神前庙后都是属于孤煞之地，所以住宅附近有寺院、教堂等一些宗教场所都是不好的。因为这些地方都是神灵寄托之所，聚脚之地，会令附近的气场或能量受到干扰，而影响人的生态环境。居住在宗教场所附近，会有如下两个问题：家人都会显得孤独；性格易走极端，或暴跳如雷，或十分良善，常被人欺负等还有一种说法，寺庙附近的地脉都让神灵占去了，人住在一个没有灵气的地方，何谈有风水可言。

寺庙在很多人眼里都是神秘、神圣的地方。作为寺庙本身，就是一个建筑群，这是定性的。对于家宅靠近寺庙风水上的综合利弊，不能盲从于某些古训，片面地一概作出凶相定论。传统风水学毕竟是一门研究气场状态的学问，部分风水古籍之所以认定住宅靠近寺庙不好，是因为他们相信，神坛、庙宇等地阴气过重会对居者不利。而事实上恰恰相反，但凡是僧侣众多香火茂盛的寺庙，只会产生平静而祥和的气场氛围，而绝无阴森之气，就象学府中往往能给人一种浓厚的书香气氛感受一样，那是校内芸芸学子所构成的整体气场环境；而寺庙中众多僧侣与世无争的修炼意境，与往来香客的种种祈福善念，久而久之也能在周围形成一种祥和的气场环境，这种气场氛围烘托下的住宅，感受到的只会是安定宁神而非寒森透背。这也是为什么进香祈福的人们一踏进寺庙内，往往会产生一种舒坦的平和心境的原因。

发射塔

现代文明的发展，也带来了古代风水上以前没有遇到过的新问题。电视、手机发射塔就属于这一种。据实践总结验证，现代风水把发射塔作砂看还是有可比性的，其吉凶与位置有关，结合元运来判断，还是很准确的。但不同的地方是，发射塔一般是发射或接收电视、电话信号的，位置高、气场强，对磁场影响最大，且形状大都是尖的。如果居所附近有此塔，一般会发生以下情况：家人易发生外伤等血光之灾；易有精神问题。现在科学还不能说明长期受辐射和癌症的关系，不能提供相关的证据。但欧美国家大量调查结果令人确信，人体发生多种肿瘤病变的概率与所受到的低频磁场辐射密切相关。

公安局、消防队

风水学上，公安局是属阳的，属孤煞之地。在风水古籍《雪心赋》中云："孤阳不生，独阴不长。"如果住宅正对公安局，则犯孤煞，一是家人健康不好；二是是非争斗必多。消防队是属于公安的一个分类，而所有消防中队的大门上都涂成大红色。如果住宅正对消防队，除有上述不好之外，还易有血光之灾。但如果你是公安人员则无此说，相反，配其命理，得其正位，还能起到好的作用。

政府机关

机关属皇权气，是国家权利的象征，更是至阳之地。古代风水上认为只有政府机关，才能用正南正北的子午向，才能用四正四隅之向。它包括各级政府机关、法院、检察院等，与公安局一样，是孤煞之地。如果居所正对此类地方，会有如下情况发生：家人易发生精神病；易犯官非、是非；易有血光之灾。

学校

许多人以为住在学校这类文化之地附近必是好风水，但结果并非如此，原因如下：学校是清水衙门，经济差；学校是白天上课，晚上无人之地，就算白天上课也都是一些儿童。儿童的阳气相对较弱，不及成人的阳气重。阳弱阴盛对附近的楼宇会造成影响，而在风水上，阳为顺畅，阴为阻滞。所以住在学校附近，一是财运不太好；二是凡事都会有阻力。

菜市场

如果住宅附近是菜市场的话，运气是比较呆滞的，宅运不平稳，原因如下：菜市场会散发鱼腥或是肉腥味，这是味煞；环境卫生差，成日湿淋淋，易生细菌、害虫，此为菌煞；每天所售卖的猪、牛、羊、鸡等肉类，这些屠宰生命的行当，会在菜市场附近聚集煞气。

戏院、电影院

戏院和电影院每天都是放几场而已，放映时，人数众多，气聚一团；放影完以后，观众离场，一哄而散，这属于"聚散无常"。人带阳气，阳气突然大量聚于一个地方，不久却突然大量消失；气场受到严重干扰，会导致住在附近的人运气反复无常，工作时好时坏，财运时强时弱。

变电站或高压电塔

现代的电属火，电有电磁，这对住宅周边的对磁场的影响最大，对人脑及心脏、血液的影响也最大。如果居所附近有变电站或高压电塔，会有如下影响：健康容易出问题，如心脏病、心血管疾病等；对大脑有影响，易生脑瘤，容易发生精神病；人容易冲动，所以做事易出错。

根据外国专家常年的追踪调查研究，确信居所接近高压建筑物的儿童，患白血病的机会比正常儿童高出一倍。一般儿童患白血病的机会是二万分之一，高一倍则是万分之一。这个问题值得各位家长注意，古代有"孟母三迁"，何况今人，为了下一代着想，居所一定要择吉而居。

垃圾站

垃圾正常的解释是指不需要或无用的固体、流体物质。在城市里，垃圾处理是一个令人头痛的问题。最常见的做法是收集后运走统一处理，这样就形成了垃圾站。可想房子的旁边有个无任何防护措施，蚊蝇孳生、老鼠成灾、臭气漫天，污水横流的垃圾站，这会给环境造成了很大的污染，会严重危害人的健康。长期居住在这样的环境下，很易导致家人精神出现问题，家宅不旺等。解决的最好办法是搬迁远离。

第四章　住宅内部风水

阳宅的外部环境只是阳宅的基础条件，要想将阳宅建成符合宅主生理和心理需求的吉宅，必须在堪舆学理论的指导下进行科学的内部布局，最大限度地发挥外部环境的优点，避开不利因素，使阳宅内部的小太极布局合理，各个功能区各得其所。

旺宅风水，最佳的方式要根据主人的特点度身定造。但也有一些普遍的原则是适用的，就是在居家中，不能犯一些风水上的大忌，否则会住得不舒适，而且对主人会有不利影响。举个简单的例子，住宅要讲聚气，面积过大，人口少，气过散，不吉利；人口多，面积适中，能聚气，反是吉利。房子小人口多，有一种兴盛的景象，且每个房都有用途，可谓物尽其用。小孩和大人间易有亲和感，增进家庭和睦，同时每个人心里都有一个梦想：家里的房子太小了，将来一定要买一套大的，能够激励家人团结和奋发。

家居内部格局风水优劣之分

为什么有些房子一走进去就会感觉到神清气爽，如沐春风；而有的房子则感觉压抑沉闷，坐立不宁，这就在于格局优劣的分别。四方宽敞、正大光明，布置协调的格局是住家上乘之选。

内部格局讲穿了就是如何设计出适合居住的环境。同样是隔间，花墙、屏风、玻璃都有不同的效果；同样是灯光，用一般日光灯与美术灯就有很不同的冷暖感觉；一样要装空调，就其所在方位不同，感观和效果就有差别。凡此种种，虽是小事，整体上却影响到我们的居住环境的磁场，进一步影响了我们的思想。长久以往，对我们的运势就产生了不可忽视的力量，所以重视居家环境就是改造自己的第一步。

家居的内部格局是住宅学中较为重要的一环，内部可恣意更改变化，是天天要接触的，其效果立应，远非外局所能比。基本上阳宅内局牵扯甚广，如空间的舒适感、颜色运用、建材种类、光线的配置、方位吉凶等，都是需要注意的地方。就这其中的一些要项予以说明：

中间污秽：许多房屋中央位置是厕所，在阳宅中称为"污秽中宫"，应尽量避免。

阳光适中：阳光充足绝对比阴暗之处理想，在内局修正上也容易着手，更是比人工灯光要好。

动线：动线流畅是内局第一应考量的事。常见到刚学阳宅的新手，往往为了取心中的理想方位，把内部的动线改成迂回难行，或是怪异奇特，造成磁常非常紊乱，结果未蒙其利先受其害。

宅内环境风水宜忌

室内环境主要是指住宅的内部结构，包括房型，以及厨房和卫生间的位置等。房型缺角不吉利。如果房子的某一个部位凸出，是不是就好呢？一般情况下是这样的，但也不能一概而论。比如，有一家住宅的西南方是一个卧室，卧室的西南角向外凸出一块，凸出的部分是圆形的，就根据这一点，可以判断他家的女主人身体不好。

具体到房间的形状，在具体选择时，应尽量避免不规则房型的出现。现在有很多住宅，有的房间会出现一个或多个斜边。这种房型，一是很难完全利用，容易造成空间的浪费；更重要的是会造成空间中气的流动不均衡，对风水不利，应当尽量避免。

除了房子的形状，厨房和卫生间的位置也是需要重点考虑的内容。厨房是热源集中的地方，五行属火，宜在房子的北方或者东南方，北京故宫皇家御膳房的位置，就都在东南方。厨房最忌讳的是在房子的南方，因为南方本来就属火，再把厨房设在南方，就会引起阴阳失衡，容易引发心脑血管疾病。而卫生间为阴冷潮湿之处，不宜设在房子的正北方。

至于小环境，还包括房间内部物品的摆放，这也是风水上一个重要的内容，后面会讲到，在这里就不多讲了。

客厅在屋子正中大吉

一般住宅，如果起居室或客厅设在整幢房子的正中间，这是一种大吉之象，可使家运昌隆。

横梁压顶，影响情绪与健康

横梁最忌压在床头、书桌及餐桌上方，如实在无法避免，也要设计天花板，将之挡住，否则就会影响居者的情绪与健康，事业运亦会受阻。

不规则屋不宜做卧室

不规则的房间不可用做夫妇的主卧房，否则会导致久婚？不孕的后果。

床边安镜，难以安眠

除了床不可正对大镜之外，床的两侧如果有大的穿衣镜，将使人睡不安稳，导致失眠、惊梦等。

卧室不可布置得琳琅满目

卧室的色调以素雅温暖为宜，切忌太过鲜艳，也不要布置得琳琅满目，过度豪华，闪闪发光的饰物尤为不宜。

常青盆栽利家运

由于生活品位的提高，为了增加室内的绿意，常青盆栽是很好的室内饰物，但务必选择常绿、生命力强，不易凋谢、落叶的植物。

床头巨画大不宜

床头置画可以增加卧室之雅意，但以轻薄短小为宜，最忌厚重巨框之大画，否则一旦挂钩脱落，当头砍下，非死即伤，不可不慎。

有脚之床，床下忌堆杂物

有脚之床，床下宜保持空旷通风，切不可于床下堆放杂物，新婚夫妇尤忌。

浴厕对床，当心恶疾

主卧室中，除了床不可正对浴厕之外，侧对亦不吉，容易使人罹患严重恶疾。

整洁的浴厕才能留财

浴厕是排污之所，除了方位要合规中局之外，最忌阴湿、不洁、有异味，如能保持清洁干爽反而能留住财气。

床头忌开大窗

床头开窗乃风水大忌，务必谨记。

浴厕设在走廊尽头，大凶

屋内如有走廊，浴厕只宜设在走廊边上，不可设在尽头，否则大凶。

厕所忌对大门

厕所门正对大门，为漏财退运之宅，可用屏风遮挡。

柱角冲射不利婚

不论男性或女性之个人房间内，皆要避免柱角冲射，否则必会影响情绪和健康，对恋爱及婚姻亦不利，务必及早补救。

暖光灯泡利于感情

卧房的灯光对夫妇感情相当重要，应尽量采用暖色光的灯泡，少用寒色光的灯泡或荧光灯。

隔角煞冲射，宜盆栽抵挡

要想居家平安健康，在可能的情况下，应选择四周没有屋角射来成隔角煞的房屋。如自家住宅犯隔角煞，要用盆栽、植树或较厚的窗帘加以阻挡。

旺宅内部布局重点

阳宅中的三要（门、主卧、灶）及六事（门、路、灶、井、坑、厕）便是住宅内部布局的重点，这些方面布局的合理性，是判断其吉凶的主要依据。

门是住宅的吐气、纳气之口，宜开吉方旺方，但现代都市住宅门户很难改变，尤其是单元房，所以我们在综合判断一栋房子的分水好坏时，不能全用一扇门就草草下结论。只能根据住宅方位稍移动或扩大，也可以用阳台作为气口之补充，但切忌大门之气直奔阳台，这非但不能纳阳台之气，反而是破财之兆！古云：宁为人家立千坟，毋为人家安一门，便可知门之重要性。

房（主卧）为主人之起居，主卧宜位于住宅之生旺吉方，主卧吉，则主人精力旺盛，事业顺利，若主卧凶，则主人无精打采，

疾病缠身，无精力打理事业，故事业停滞，破财难免，其余房之吉凶也同理。

灶乃是住宅内财丁是否健康兴旺之标志，也是财富之体现，故炉灶方位吉凶与否是影响住宅吉凶关键所在。至于灶位如何放置，请参照本书下面关于灶的详细介绍。

内部的路概指住宅内部的走向，路是决定气的运动方式，是峦头风水判定住宅之气是否吉利的根据，路的走向要不在宅内形成煞，但要使宅内之气能流畅，使住宅内部充满生气、财气。气即财也运也，有吉气便有财，才能走鸿运。

厕所本非洁净之地，所以不宜放在吉位，如生气位，当运宫位。而必须放在绝命位或退气位对其压制，取以毒攻毒之效，则不凶反吉。在风水中也称去水，故厕所方位合理与否，关系到住宅能否聚财、守财，若厕所方位不适当，则易泄财、破财。一般来说，厕所易设在凶方。

居家要讲究格局协调

《黄帝宅经》云："宅以形势为身体，以泉水为血脉，以土地为皮肉，以草木为毛发，以舍屋为衣服，以门户为冠带。若是如斯，是事俨雅，乃为上吉。"这是古人把住宅人性化，说明格局搭配得当，对住宅与人都是很重要的。但作为一个旺宅，布置协调的格局是住家上乘之选。好的容易做到，而以下几各方面则是要避忌的：

大门正对电梯或楼梯，是犯冲。本来住宅是聚气养生之所，如今与电梯、楼梯直对，宅内之生气则被其尽数吸去，可谓大忌。补救之法则是在进门处要用屏风或玄关隔开。

大门与阳台如成一直线，也需要用屏风或玄关隔开。因为前后通透，可以一眼看透大门与阳台，谚云："前通后通，人财两空。"并且穿堂风拂动，易令人得病。

如果大门口直对长走廊，这也是冲煞。走廊越长，对家居越不利，这叫穿心剑格局，若门内无屏风阻隔，则不宜居住。

若房子的窗户开在走廊之外，属于泄气的格局，住宅的私隐性则荡然无存，对家居也不利。另外，房子里的窗户太多则泄气，房子里窗户太少，则少生气，都属不吉，应加以改变。

大门不能正对厕所门，试想人一进门就见到厕所，则住宅的气场功能何在？另外，睡房门与厕所门也不能正对，卧室与卧室门也不能正对，这些都犯了门冲。

厕所的门若与厨房的门连在一起，则厕所的门应牢记时常关闭，免得受污浊之气涤荡。

住房、客厅或饭厅中，如有横梁切记不可让横梁压住床位和坐位；并且天花顶宜高不宜低。颜色宜淡不宜重，天花板在上，代表天。

住宅内部尽量不要有太多尖角。现代许多高层住宅客厅呈菱形，往往会有尖角出现，不但有煞气，而且令客厅失去和谐统一。若有此种情况出现，宜以木柜或矮柜补添在空角之处。倘若不想摆放木柜，则可把一盆高大而浓密的常绿植物摆放在尖角位，这亦可消减尖角对客厅风水的影响。也可减免不必要的碰伤。

注重室内"水"的问题

风水最高境界得水为上，山主人丁水主财。水流代表财运。在住宅、商店、饭店、写字楼内不可没有水景布置。喷水池、小湖、洗手间的水龙头、水池都是水，也就是财运。另外供水排水系统，也要作合乎风水的安排。风水师应勘定供水、排水供水系统与本建筑物的方位关系。据说有的公司水龙头都朝着一个方向流，代表财向一处聚。

如供水源在西北，则为乾位（象征在、父）；本建筑物在西南，为坤位（象征地、母）。水源即父亲的体液入母体，阴阳调和，家庭幸福，当然大吉。排水系统亦按八卦方向，寻求二者之象征方位以定吉凶。如果二者不相和而相冲，则应在寻求改善的办法或供水总开关处加吉祥符具，或设法改变水源流速、管道的方位等，人工调谐水流节奏。在风水学中，水来处谓之"天门"，如果来水不见源流叫"天门开"；水去处谓之"地户"，如果不见水去，叫做"地户闭"。水流象征财运，门开财来；房闭则财源不会枯竭。地户闭不是指关住在排水闸，而是指控制其节奏。

风水学还认为，水流既代表财运，那么，在商店、写字楼、宾馆、酒店首脑人员在大办公室内，最好设洗手间，且水流不宜急，如一家公司总经理，把洗手间移往财务部之隔壁，生意竟然很好。他说："每次有人来洗手间时，就象征财源滚滚而来。"

宅内楼梯位置禁忌

楼梯是房屋的通道，可使气从一楼通到二楼或三楼。楼梯分内气楼梯和外气楼梯。内气楼梯吉利，外气楼梯不吉利。内气楼梯与门相背，人一进门后、通过拐弯，便可上楼梯。外气楼梯一进门就看见楼梯，楼梯与门正对或偏对是不吉的象征。内外楼梯的层阶都以单数阳为吉。如十七阶、十九阶。双数阴为凶，如八阶、十二阶。如果房屋较大，客厅中优雅的半圆形楼梯是最好的设计。商店中螺旋形楼梯也是最好的安排，因为生气、吉气是按螺旋形的轨迹运动的。

居家风水中，从住宅整体而言，最讲究的是"气"的流动。"气"，即是户外具体意义上的新鲜空气，也是抽象意义上"运气"和"财气"。住宅内通向二楼的楼梯，不但能走人，还能运"气"，加强"气"在屋内的流动。由于楼梯具备向上的蜿蜒的趋势，似乎让人看不到它的尽头，所以也有人把它看成主导未来的象征，故而有了"家有楼梯步步高"的说法。

除了不宜正对大门之外，在居家风水中，有关楼梯的另一个忌讳是将其设置在住宅的中心。因为房子的中央被称作为"气眼"，是"气"的凝结点。一般认为，这里是全宅的灵魂所在，是最尊贵的地方。"气眼"这种传统说法，沉淀至今，变成了以中为上、居中、不偏不倚等中国人的审美习惯。玄空风水认为中央为五黄位，五黄是大煞，宜静不宜动，尤其是在过运时，发祸速，发祸猛。

美学上如果把楼梯设置在屋子中央，则显得"喧宾夺主"，楼梯用来走人，人上上下下，令这个地方喧闹不宁，不仅浪费了"气场"这一宝贵地带，而且带有"践踏"的不敬意味，自然不会给房屋主人带来好运。

最后，楼梯设置还要注意与整个住宅空间环境总体风格相一致。和谐、统一，是居家风水最主要的原则，如果楼梯的设置过于突兀，装饰过于哗众取宠，必然会让居住在其中的人觉得不适。另外，楼梯的选材最好按命理配合，喜欢木的用木，喜欢金的用铁，取其相生相克之理。

旺宅居家环境学

第五章
旺宅室内门窗风水

门的风水

《王公阳宅》八宅赋云：宅以坐为主，坐以门为先，老少务要相得，刚柔须令相参，四柱定使合局，三吉定要高悬。门，是家与社会的区隔，也是家的颜面。门与内、外气的流动关系非常紧密。因为内，外气不能通过住宅坚实的墙壁，但是通过门口则容易得多。外部大门影响外气进出住宅；而内部的门则对家里的内气影响甚巨，每个人每天进出自家大门的瞬间，都会受到大门风水的影响。门象征着人的嘴主纳气，所以门必须容易打开，故门纽必须润滑油；否则，房主人使劲开门、关门、以及门纽的尖锐声，不但分散室内之气，还会损害居住者的体气。门还要防止两房门互相碰撞发生吱呀之声，这些都会伤气和损财。

门饰最好要少，门上会安装铁狮头等饰物，适合做官之家，普通人家是不适宜的。避煞类的饰物，如镜子、桃木剑之类器物的摆放必须有专业人士指导方可，如果屋主自己不懂其中生化原理，随意设置，结果往往是弄巧成拙，导致家庭气氛异常。

门对住宅的影响

《归厚录》云：阳宅气在地上，不专以地中之气为主，兼取门气，盖气本横行，无途人宅，门户一启，气即从门而人，其力与地气相敌。门与窗是生气出入的通道，在风水学上称"气口"，古代风水学认为："气口如人之门"。其大小应与整个房屋的空间相协调。中国风水古籍对大门的方位、形状、尺寸有着严格的规定。并制定出专业的工具鲁班尺。门的方位，原则上与整个住宅方位相一致，但有时为了改善风水，也可以例外。

大门乃住宅纳气之口，宜整洁明亮，不宜堆积杂物，以免阻碍气运。如果人经常面对开门见墙或远远可看到另一房间的情景，则会扰乱人体内气的流通。大房间应开大门如卧房、起居室或客房，小房间应该开小门如浴室或厨房，因为大门会压小门，如果浴室的门太大，会发生健康及品性问题，并会使家人得消化不良症。

门的方位有助于命运的决定。基于八角形的易经符号，门的方向代表不同的幸运指数。向北的门使业务兴隆；向南的门易于成名；向东的门使家庭生活良好；向西的门则荫及子孙；向东北的门代表智慧学术上的成就；向西北的门利於向外发展；向东南的门有利财运；向西南的门则喜得佳偶。

住宅大门宜忌

在阳宅风水中，大门是至关重要的。在《阳宅三要》中将"门"、"主"，"灶"称为三要。门乃由之路。《八宅明镜》中有云："阳宅首重大门，以大门为气口，纳气旺则吉，衰气则凶"。又云："宅以门为吉凶，路为助。"阳宅中所有的门皆有动气，故影响人生之祸福。因为风水重点论述吉与凶重于动。吉者动则吉上加吉、凶者动则凶祸更烈。大门的选择的方法如下：

1. **门相配**：卦是个人命卦，也就是常说的"东四命"和"西四命"。按照这个方法，大门要与命卦相配，开门要开在生气方和延年方以收旺气。

2. **星到门**：这个方法是运用玄空风水法来计算的。也就是当运星到门，能收山化煞，定能丁财两旺。财星（水）到门见真水主发财，丁星到坐山见真山主丁旺。

3. **零正卦气**：这也是玄空风水法，大门向处不论向水或向马路能收零神卦气，及真山实地收正神卦气。

大门如果正对走廊或通道，其形如利剑穿心欲入，这样的格局叫穿心剑。如果住宅内部的进深小于走廊的长度，则为祸最大。

如果大门正对楼梯，会形成两种不同的格局。一是正对的楼梯是向下的，则家中的财气极有可能向下流逝，因此要在门后设置屏风来阻止内财外流；另一种情形是正对向上的楼梯，则毋虑财水外流，若在门内设置大叶植物如发财树、金钱树等更可引财如室。

大门正对电梯，正好犯冲。本来住宅是聚气、养生之所，如今与电梯直对，宅内之气则在其开闭之间，被其尽数吸去，散往他处，可谓大忌。

大门面对虎头不利。办公室或商店的大门，不能正冲虎头或烟囱。所谓"虎头"是指另一座建筑物的尖角或者是特殊的建筑物；如果大门或主窗刚巧对正墙角或突出的建筑物，就好像正对一把尖刀，这当然十分不利。

大门直通到底麻烦不断。如屋中有好几个房间连在一起，切不可设置从大门直通到底的数扇门；也忌象旅馆饭店一样，一条长廊连着一排数间房间。否则同样易发生外遇或私奔之事而难得平安。且大门与后门不可相穿，也就是不可同处一直线上；前后门相穿，主财富不能聚。

大门"忌"冲卧室门

几乎每对住在这种房屋里面的情侣或夫妻，不是每天口角不断，就是其中一人有了感情上的问题。为什么呢？

这种每天让人看见床的房子，一来会刺激人们潜意识的性欲；二来会让人比较难以集中精神，也比较不理智。当然了，这只是环境心理学上的解释。

从风水的理论来看，大门冲卧室门，必有外遇奸淫之事发生，不然也会影响夫妻或情侣间的感情；如果你没有伴侣，独自一人住这种房子，也会让你淫心夜起，寝不安眠，导致健康及运势上的低落。

大门冲房门，基本上是不适合正常人住的。《地理十直论》云：直屋冲门财不聚，直路冲门损少年，直水冲门家反覆，直堑冲

旺宅居家环境学

门官事遭，直墙冲门遭恶死，直石冲门日夜眠，直塘冲门多疾病，直岸冲门卖尽田，直庙冲门苦老磕，新塚冲门哭上天。有人识冲能识直，便是天仙与地仙。可见此说不仅仅是实代人提出来的，古人早都有这样论断。

独栋屋一定要有后门

现在的高楼很多，基本上高楼的房子因为是集合住宅，反而要求每户屋宅可以聚气，且前后多半有阳台，不需要有后门。

但是，谈到独栋屋宅，不管是别墅、透天屋或平房，一定都要有后门。但前门不要直冲后门，就可以保持一个气的流通性，而且，居住者也不会如入囚笼之人，还有第二个门以防万一备用。不过，最主要的是运势方面的问题；如果独栋屋没有后门，就像人只吸不呼，不能呼吸一样，不能做到吐陈纳新之效，那么，这里面的居住者运势必定会停滞不前，事事不顺。因此，购买这种凶相之屋请多小心。

大门禁忌化解法

大门，是住宅上的一个重要焦点。古人说："千斤门，四两屋。"幸运之神是否能进入家中，就是靠大门玄关这一条通路。大门与一个家庭的吉凶、祸福有着密不可分的关系。如果大门设计得当，则能充份引进宇宙自然界的能源，获得健康、智能，以及在钱财、事业上得到顺利的发展。

忌入门见灶

《阳宅集成》云："开门见灶，钱财多耗"。我们刚从外面进到室内即可看见厨房。我们都知道厨房为火，火气冲人，为财库之所在，所以入门见厨房会对家庭成员的工作、学习产生不利影响。令财气无法进入，或钱财泄露损耗。

化解方法：可以在大门入门后设置一道不透光之屏风即可化解。

忌入门见厕

入门见厕所，我们刚从外面进到屋内即正对厕所，厕所之秽气直冲而来，随即让人有不舒服之感觉，不利于室内环境卫生，对人的身体健康也会产生不利的影响。特殊的情况时更会令人尴尬。

化解方法：可以在大门入门后设置一道不透光屏风来化解。如果没有办法设置屏风，也可以在厕所门上加挂长布帘作化解，布帘之材质以看不透之材质为宜，不可为蕾丝或是珠帘等。

忌入门斜对角开窗

入门斜对角为聚气之处，房间内重中之重的明财位，在此开窗容易导致生气耗散，不利于家庭成员的事业发展与收入增长。

化解方法：可以封掉约两尺宽度之窗户来化解，也可以在此放置水晶洞或加挂厚窗帘来减少生气的耗散。放大口花瓶收财。

忌穿堂煞

所谓穿堂煞就是大门正对后门或是前面窗户正对后面窗户，只要是房子最外围之气口彼此互对，中间又无不透光之物体阻隔就是穿堂煞气。谚云："前通后通，人财两空。"

穿堂煞对住宅的影响就是气刚进入宅内又随即而出，所以不聚气，气穿堂而过也会造成宅内气场快速流动、极不稳定，容易对人的身体健康产生不利影响。由于其极为严重所以俗称阳宅第

旺宅居家环境学

一煞气。

化解方法：如果为窗对窗之穿堂煞气可以用封窗之方式化解。如果为门对窗之穿堂煞可以用不透光之屏风化解。或者在窗户下面放鱼缸化解。命中忌水的除外。

如果不想封窗和安置屏风，可以在大门门槛安置五帝钱并将窗户用较厚重之窗帘盖上。

忌入门见楼梯

本来宅是聚气养生之所，入门即见楼梯，阳宅之气往外直泄，易导致室内气场不稳定，对家人的工作、学习会产生不利影响。

化解方法：可以在楼梯口放置一块地垫。地垫下方安置一组五帝钱，阻绝往外直泄之气。当然如果可以在楼梯跟大门间设置一道不透光之屏风更好。

忌卷帘水

大门正对往下之楼梯，俗称卷帘水，这会导致居室内气场极不稳定，生气外漏，进尔影响家人的工作和经济收入。风水上叫做退财水，主人走背运，小人暗算，钱财流失。

化解方法：建议在门上安置一面山海镇往下斜照，再加上在门槛处安置一组五帝钱防止宅气往下直泄。也可在门上安置一面向下斜照的八卦凹镜来阻止宅气外泄。

忌穿心煞

梁从门上穿入，不管为大门或是房门或是厕所门都一样，皆称之为穿心煞，会使人产生精神紧张等心理症状。

化解方法：*可以在门内外梁之同一侧边各挂一颗水晶球或是麒麟踩八卦作化解。也可通过悬挂木葫芦来化解此煞气。*

忌回风煞

如果住宅格局中有在同一空间，又在同一面墙上开两门，可以从这一门进入，又可以从另一门出去，绕一圈回到原来之位置，这就是回风煞。此煞会导致住宅内气场紊乱不聚气，对家人的健康十分不利。

化解方法：*最彻底之化解方式就是封掉其中一扇门，记住如果可以，最好填砖化解，如果无法填砖化解，最好也要内外用木板封门才可好。只将门关住不开无法化解。如果是出租之房间无法封门，建议您可以在其门槛安置一组五帝钱作化解。*

忌拱门

一般住宅当中为装修好看所以都会设计拱门，但浑然不知拱门所会带来之严重效应，拱门在古代只有在宫殿或是公园公共设施才会设置。如果一般民居设计拱门，会使人产生幻想等不切实际的思想，还会使人的意志变得消沉，不思进取，不利于工作和学习。

化解方法：*最彻底之化解方式就是将其打平成长方形的门，记住一定做的牢固些，不可松动，否则有使人受伤之虞，如果无法打平，可以以在拱门两侧各挂一串五帝钱来化解。*

旺宅居家环境学

忌镜子对门

镜子对门为风水学之大忌，因其会扰乱宅内气场的稳定，将宅内之生气反射出去，同时对人的出入也会产生逐多不便，还易导致人的自恋情结。

化解方法：最彻底之化解方式就是将镜子移到不会正对门之处。如果无法移位可以暂时先用红布（不可用透明之薄纱或是蕾丝材质）盖上，要用时再打开即可。

忌大门被壁刀所切

大门入门被室内壁刀所切，就是有一面垂直的墙正对大门，这会对家庭成员的出入造成逐多不便，有时还易对身体产生伤害。

化解方法：如果可以，设置屏风直接遮挡，这是最彻底化解之方式。如果无法设置屏风，建议可以在门槛安置一组五帝钱或是于切到处挂置一串六帝钱来作化解。如果是装饰墙，最好将此墙拆除以求彻底化解此煞气。

忌两扇门大小不同

大门门开两面，但其左右大小不同，这即不符合风水之道，也不符合中国人的审美情趣，易使人产生孤独、自闭、不合群的感觉。

化解方法：最好将其改成一片式之大门为宜，或者两扇同样大小、颜色、形状的门。

忌"哭"字门

阳宅如果开两处大门，其形状似双口"哭"煞，易导致家庭成员之间不和睦等。

化解方法：最彻底化解之方式就是将其中一扇门完全封死，

封门最好填砖封实，至少也需要两面封才可以。如果封单面反而会有阴阳门之效应，反而不好。如果暂时无法封门，建议您可以在门槛上安置一组五帝钱来暂时化解。

忌三门通

住宅如果出现三扇门同时正对互通甚至对外，会严重影响宅内气场的稳定及家人的健康，住宅的私密性也会受到严重的破坏。

化解方法：可以通过设置一道不透光之屏风来作化解，最彻底的化解方法是将正对的门错开设置，避免相互直冲。

忌楼梯压门

大门上方如果有楼梯经过，这会使人的精神受到压抑、紧张等，进而影响到人的健康和生活。

化解方法：可以拿一块木板，用朱砂写上"一善"二字，然后将其带到阳庙过香火，在择日安置于门斗上。或是在门上安置一面凸面镜再盖上红布化解。如果可以的话，最好将门改到其他地方，以求彻底化解。

忌梁压门

大门上方或是房门如果有梁平行经过，并出现压门之情形，家中人员会产生压力沉重的心理负担，不利于学习、工作和生活，久之对身体健康也会产生不利影响。

化解方法：建议拿一块木板，用朱砂写上"一善"二字，然后将其带到阳庙过香火，再择日安置于门斗上。

忌在鬼门线开门

大门如果开于东北和西南之鬼门线上，或是门开之方位不好，或是门未开正、斜开。这会使别人认为此住宅的人为特立独行之

辈，不易交往，性情孤僻等，进而影响自己的人际关系及得到别人帮助的机会。

化解方法：最彻底之方式是改门向，如果无法改门向，建议您可以在门槛漆上红漆以"纳吉"之意，或是在门上挂置一面罗盘来作化解。

门槛趋吉避凶的讲究

门槛原指门下的横木，中国传统住宅的大门入口处必有门槛，人们进出大门均要跨过门槛，起到缓冲步伐，阻挡外力的作用。古时的门槛高与膝齐，如今的门槛为了行走的方便，已没有这么高，大约只有一二寸左右，门槛除了用木材制作外，也有用窄长形石条的，固定在铁闸与大门之间的地上。

门和门槛相互协调，将住宅与外界分隔开来，同时，可挡风防尘，可把各类爬虫拒之门外，屋内的东西不易滚落门外，有一种汇聚感，即有利于将金钱积聚。因实用价值很大，对阻挡外部不利因素及防止财气外泄均有一定作用，所以一个好的门槛对住宅风水颇具重要性。

安放门槛需要注意的是：门槛的颜色要与大门的颜色配合并且应谨防断裂，门槛如断裂，便如同屋中大梁断裂一样，不吉。门槛完整则宅气畅，断裂则运滞，因此门槛如断裂，必须及早更换。

传统的说法，房屋加门槛，便属于门口的关栏，可将地气栏截于屋内，不让其逸去。若果门外见到低下去的楼梯，门槛便要加高。否则，地气外逸，在家居风水来说，便属"不聚财"了。

"犯路冲"在风水上是一种比较凶险的大煞，即门前被直路相冲，《水龙经》中的一句"直来直去损人丁"，真是一语道破天机。化解有两个好的方法：

1、修造一个影壁墙，直接阻隔冲击来化煞。

2、在门口上做门槛，而门槛下底加一套五帝古钱，煞气便可化解。更有的把两种合二为一都用上来化煞，这在我国古代的皇家园林，豪门望族中表现的更为明显。风水的门槛，它蕴含于中国源远流长的风水文化中，带给我们的，不仅仅是一槛，更是风水、吉祥传统文化、建筑美学的一道"槛"！

所以一般来说，门口加门槛，是有百利而无一害的，但不要做得太高，因为容易把小孩绊倒，风水上不能把门槛固定成准确数字，但需要以实际情况为主。建议门槛以最适宜高度为佳。

门窗的关系

房屋建筑在地面之上，气从门口进入，就好像是一个人的嘴巴、鼻子一样，是饮食呼吸之处，其重要性可想而知。

因此门户的方向，就是进气的方向，方向是吉是凶是衰是旺？至于自家大门、房门的设计，门的大小应适当，太大或太小都不理想，《一掌金》云：屋大门小谓之闭气主病，屋小门大谓之泄气，退财。就是不论其是否生病、退财，居住起来也觉得不舒适要配置适当，才是吉宅。

窗，我们常说："眼睛是心灵之窗"，失去了眼睛等于失去了一切希望，而屋子的窗户就如同人类的眼睛一般，在家中扮演着不可或缺的角色。空气与阳光是人类赖以维生的要素，若长期呼吸不新鲜的空气或处于光线不足的环境中，则容易生病或精神不济。所以屋子一定要装设窗子，而窗户的设计并非越大越好，必须以屋内空气的对流为重点，也就是说窗户要对开，例如：南与北相对或东与西相对的位置各开一个窗户，如此屋内空气才会流通，居住者也才能健康无碍。

根据"玄空学"风水理论，门窗的位置十分重要，因为它们是房屋与外界透气的"窍"和通道，它既可阻挡和减少外界的不良刺激，又能向外排泄室内的污秽浊气，起到维持居住生存空间相对稳定的作用。

所以室内装修时，首先门不宜开得多；其次门于门之间不可处于同一直线上，以免空气流动过快过大造成室温上下波动，这就是风水学中著名的藏风聚水学说。两门不在同一直线的科学解释。

中医认为"风为百病之长"，风能使人的能量散失，胃气虚弱，体温调节功能紊乱，引发疾病。为了保持室内空气流通清新，又藏风护体，一般可在门口设"玄关"屏风之类，或将门窗交叉设置，形成所谓"曲径通幽"之势，以减缓风速和风力。

窗户装饰宜忌

窗户和门一样，是吸纳阳光和空气进入室内的通道，也是私人生活和外界沟通的管道。在缺乏天然光线的环境下生活，你的世界观很容易变得晦暗、扭曲。

窗户大小要适宜

　　客厅或卧室的窗户过大或数量太多，容易导致家庭不和睦，可悬挂百叶窗或窗帘来矫正这个缺陷，不过百叶窗的效果会比窗帘好。大型落地窗，夏天会引入过多的阳光和热量，冬天又会使屋内的热量流失，都应加装窗帘或其他遮蔽物。

　　窗户虽然不宜过大，但是也不宜过小。窗户过小的房子会给人寒伧小气的感觉，居住者也会变得气量狭小、退缩内向。

破损窗户一定要修复

　　窗户是一栋阳宅的"风水之眼"。为了确保居住者健康，破损的窗户一定要尽快修复，切莫因小失大，省了修窗户的小钱，却使自己的身体受到了伤害。

　　窗户的顶端一定要高于居住者的身高，这可增进居住者的自信和气度，而居住者在眺望窗外景致时也用不着弯腰拱背。

方形窗或拱形窗

圆形或拱形的窗户给人如教堂般宁静安祥的感觉，适合装设在卧室。方形窗则给人振奋肯定的感觉，适合用在餐厅和工作场所。一般住宅若能适度混合使用两种窗形，可获得很好的结果。

开窗方式忌向内

住宅卧室、客厅和厨房的窗户是何种形式？它们是向上开、侧开或封死的呢？就风水而言，窗户开启的方式，最好是向外或向两侧推开窗户，以不要干扰到窗户前后区域为原则。向内开的窗户，会使居住者变得胆小、退缩，而且向内开的窗户，经常会被窗帘或百叶窗挡到，变得很难开启。如果您家的窗户是向内开，可在窗户下摆放盆景或音响，活化这个区域的气场。

如果住家的窗户只能向上推开一半，无法全开，会使居住者的环境欠佳，工作不顺。若有这种情况，可将窗台漆成明亮的颜色，悬挂百叶窗遮阳，最好不要悬挂布质窗帘，窗边摆盆景、水晶活化气场。

窗框的颜色忌和墙壁相同

窗户是大是小？是宽是窄？是高是低？一扇可眺望美景的窗户，宛若一幅名画，所以窗框不妨和墙壁漆成不同颜色，可为居住者带来活力和创造力。另外，窗框的颜色应避免刷上红色漆，因其称为囚狱煞，易致情绪紧张，故应排除红色漆。

路冲使子女读书不利

一楼的住宅别墅，要慎防儿童房门外窗外之路冲。否则不但不利读书，也易肇生子女的意外。为子女读书教育，宜远离凶地，居家大门或窗外正对着凶地时，如医院、殡仪馆、坟场、监狱、庙宇、屠宰场、垃圾场、色情行业等，为了子女的教育及居家平安，最好考虑迁居。

高塔长杆正对门户多有意外

房屋的正面、大门、窗外都要避开高塔、电杆、长杆。即使平日家居也要随时留意，万一有人在居家修建高塔、电杆、长杆或为某种原因埋设长杆时应即时交涉，免得横生意外。

空气光线影响居住品质

祈求平安健康的住宅，空气光线需要充足，天花板太低则有压迫感，四处封闭无窗、空气不流通、光线幽暗、室内潮湿，不论方位再好，也难以企求平安健康。

窗外冷风直吹不利生育

卧房通风的窗户或冷气机太低，尤忌与床同高而对着人体直吹；夫妇主卧房更忌此项，否则同样易造成久婚不孕或产后失调等症状。

窗对窗的距离不能太近

有一些楼宇会出现这种情况，住宅的窗与隔壁屋的窗是对着的，而且距离很接近，这是否会影响风水呢？

首先，要知道怎样才算是距离接近，如果距离不超过十米（约三十三尺），便可谓接近了。如果两宅的窗门距离超过这个限定，在风水上可谓互不相干。

两窗太接近，两家人的运气都会略为反复，因为两宅的风水未必同样的好或坏，两宅的名气会从窗门交流，故呈运气反复的现象。不过，这只限于客厅的窗相对，若果两家人客厅的窗不是相对，距离接近也不成问题。

旺宅居家环境学

至于本宅的窗与另宅的窗太接近时，只要在窗位设一窗帘，问题自然解决。

化解窗外"煞"的方法

若窗面对尖角形状的物体、似刀锋的建筑物、玻璃的反光照射、电灯柱或电塔，对健康不利，及可能有血光或火灾。

化解方法：悬挂一把小剑于窗外，向着煞方，斩除凶煞之气。

若窗对着医院、殡仪馆、坟场、庙宇、警署、监狱、屠场、垃圾房、色情场所等，都对宅中人的财运、事业、健康、情绪等不利。

化解方法：在窗外挂一个真葫芦，并打开葫芦盖，以收怨煞及污秽之气。

若窗口对着反弓弧形的车路或水流，就有如被人用廉刀横割，代表家人感情破裂、财来财去。

化解方法：在这个位置放一只貔貅，有辟邪、挡煞、旺财的作用，能令金钱较易积聚。

若窗口面对正两幢紧靠大厦之间的小空隙，代表易招血光之灾。如果你住的层数高过小空隙，或这空隙很阔，则不受影响。

化解方法：宜在窗口挂一面小凸镜，及用窗帘遮挡。

在现代公寓楼内经常发生套宅大门两两相对的格局，自家的大门正对着对面的大门，在风水学上称作"对门煞"，"对门煞"

所导致的后果是邻里不和，易招惹是非口舌，而且在心理上会觉得缺少隐私感。

化解方法：在大门上悬挂门帘，门帘的材质有很多种，以珠串为佳。注意不要随便加设玄关，玄关是会改变宅相的，要经过精确的测量，否则很可能化吉为凶。另外，居室内部如果两个门相对或厕所门正对餐厅时，也可设置门帘，这样会起到很好的化煞作用。

套宅大门正对一条长长的走廊称为"暗箭煞"，这种情况在现代公寓楼房中并不少见。走廊如同一支箭般直射进门，将导致家宅不宁，病灾连连。

化解方法：化解方法有多种，而且最好是数管齐下，因为"暗箭煞"的力量非同一般。可以在大门处悬挂珠帘，或在门楣上贴一面镜子，也可在门外放置一对狮子，还可在门内面向外放置关公像等，有许多活用的法则，可依据具体情况而定。

第六章　客厅装饰风水

在中国，由于南北的文化、地理差异，所以对客厅的大小要求很不同，但是不管大厅小卧或者小厅大卧，客厅都既是家中迎宾待客之所，又是一家大小的日常活动中心。客厅在家居布局中属于战略重地，从客厅的格局可以看出主人的涵养与气度，即所谓"室雅何须大，花香不在多"，而由于客厅的范围广阔，与其他功能空间互相联系，摆设在其中的家具又很多，所以它对整个宅运大有影响，不可小视。不论是为了美化家居，或是为了趋吉避凶，客厅的地位均是非常重要的，其布置装修都必须仔细考量，才能做到胸有成竹，聚气生财。

客厅布置宜忌

对于房子来说，客厅可谓是一家之主，主宰着整个居家的运势变化。若重视室内风水的话，客厅风水是最重要的开始。对于居家风水来说，一进门就是客厅是最正确的风水设计，但是现在建筑往往为了迁就地形和空间的利用，而舍去了风水的设计，因此只能在室内装潢上采取一些补救措施。

大门与客厅应设玄关

风水要诀"喜回旋、忌直冲"。就客厅与宅门的关系来讲的，古代的"理气"派风水最讲究气场的回荡、曲折，环抱有情，认为这样的气场对人有滋养和荫庇的作用。如果从宅门到客厅，中间有缓冲带或通道就正好满足了这个要求。如果宅门直对客厅，在大门与客厅应设置玄关或矮柜遮挡，使内外有所缓冲，理气得以回旋后聚集于客厅；住宅内部也得到隐蔽，外边不易窥探。住宅内部隐蔽深藏，象征福气绵延。

客厅应设在住家的最前方

客厅是家人共用的场所，宜设在房屋中央的位置；进入大门后首先应看见客厅，而卧房、厨房以及其他空间应设在房子后方。若因客厅宽敞而隔一部分做卧房则是最不理想的客厅，或者因空间运用配置颠倒，误将客厅设置在后方，会造成退财格局，容易使财运走下坡。也可以说人要上客厅，全屋的信息一览无余，没有秘密可言。

住家旺位在大门的斜对角

住家旺位通常是在客厅，其主要条件为清静、安定，不可以是通道的动线。一般而言旺位是在进入客厅门口的斜对角。此处避免柱子和凹处；若有窗户可用窗幔遮住，财位才不致外漏；此处不宜悬挂镜子，因为镜子有反射的效果，容易阻碍家人的运势；使财运不济、机会流失。若此处恰是通道，则可放置屏风，既能避免穿透的尴尬，亦可形塑一个良好的财位；以繁茂的盆景放置财位，能使运势更佳，宜选叶片大而圆的绿色植物。

客厅不宜阴暗

客厅是接气纳气之处，也是阳宅之内明堂，如果客厅昏暗无光，除会违背明厅暗房之阳宅基本准则外，将会严重影响视力健康，人也会变得趋于悲观保守、意志消沉、自卑不思进取。古人说"厅明室暗"，意思就是说客厅的采光一定要充足，空气要流通。所以阳台上尽量避免摆放太多浓密的盆栽，以免遮档光线。明亮的客厅能带来家运旺盛，所以客厅壁面也不宜选择太暗的色调。

如果无法更改格局，建议客厅之照明采用卤素灯泡为照明工具，补足客厅之气场。也可以在客厅内安置麒麟或是铜龙增加贵宅之阳气来作化解。总而言之，目的在于调整室内之阴阳平衡，保证人的身体及心理健康。

客厅用色不宜太杂太花

客厅用色不宜太杂太花，应该统一在一个基调之中。风水学中根据五行原理，不同朝向的住宅设计了不同的用色格调，简述如下：

门朝向为东南的住宅：客厅追求明亮，可多用白色系。

门朝东的住宅：客厅要求采光适宜，不可过亮，白色调不超过总用色面积的四分之一，三面开有大窗也不吉利。

门朝西南的住宅：客厅设计不要太宽阔，用色以白、土黄和咖啡色为宜。

门朝北的住宅：客厅不要留出过多的无用空间，因为这样的房子如果客厅内无用空间太大，就会有容易引发火灾的不利信息。

门朝南的住宅：客厅可采用冷色调，不要太鲜艳。

门朝东北的住宅：客厅家具宜厚重风格，用色喜黄色，原木色，空间喜宽绰。

门朝西北的住宅：客厅宜宽敞，用色宜淡绿、淡蓝。

客厅地板要坚固不宜高低不平

客厅的地板以坚固为宜，因为地板是象征自己的地基，所以一旦发现有破损就应立即补换更新。另外感觉寒冷的地板如大理石，则可铺地毯来化解。

客厅地板应平坦、不宜有过多的阶梯或制造高低的分别。有些客厅采用高低层次分区的设计，使地板高低有明显的变化，家运也会因地板的起伏而多坎坷。

地板不平有几种情形分述于下：左高右低；右高左低；前高后低；地势高高低低。此皆不利于住宅气场的稳定，如遇此种情形，在装修时一定要将地面找平，不可在此方面标新立异，否则，且不论是否合乎风水之道，对日常生活及家具的布置也会造成逐多不便，还会因地面不平造成人潜意思中的心理紧张，时间久了必然对人的精神产生不利影响，家中如果有老人或小孩还容易伤害到他们的身体。

最彻底之化解方式就是重新测量水平，将地板重新铺平。如果暂时无法重新铺地板，可以先在低的一边沿墙边平均安置 36 枚古钱来化解，如果为高高低低则将 36 枚古钱平均安置于屋外围来化解。

忌天花板过高或过低

天花板过高或是过低都会对居住者产生不利影响。

天花板过高，会使室内的空气流通性变差，阴气过重，阴阳平衡失调，不利于人的身体健康。

天花板过低，在风水学上称之为"吼天屋"，这种居室会过多地耗损人的精气神，易使人产生孤独、恐惧等不良心理。从现代

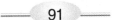

社会来说，还不利于环保与节能。

在现代都市中最好的住宅高度应控制在2.8～3.2米之间，这样才有利于室内的阴阳平衡。

如果住宅太低的话，建议不要加装天花板，可通过多安装些灯具来化解，还要注意尽可能的多开窗通风，以维持宅内气场之阴阳平衡与空气清新，最好在室内再安置一对铜龙，效果更好。

如果住宅太高，较易化解，就是把天花板装得低一些就可以了。

家具建材忌用金属质料

由于装潢材料的日新月异，各种金属材料也广受欢迎，但诸如铝、铜不锈钢等质料的建材或家具，不可过多，或只适用餐厅。使用过多给人一种冷冰冰的感觉，加上磁场紊乱，不但有碍身体机能，更易因判断错误而遭来是非等噩运。

屋子中心点上不可置火炉

屋子的中心点上不可置瓦斯炉、壁炉、电热炉等燃烧的发火器具，像目前流行冲泡老人茶用附有瓦斯炉或电炉的小茶车，也不可置于屋子的中心点上。

客厅不可成为动线

客厅是聚集旺气的地方，应要求稳定，不应将客厅规划在动线（就是供人走动的通道）内，使人走动过于频繁。客厅设在通道的动线中，容易使家人聚会或客人来访受到干扰。将影响住宅主人的事业和人际关系。

客厅若有梁横跨，应加以装潢遮掩

客厅应避免梁的阻障，天花板若有横梁，将形成压迫的感觉，人们坐在横梁下容易造成精神紧张，而运势不振。可在其上该其结构装饰成各类美丽的造型，如传统式拱门，天花板的延伸、绘花等，也可干脆分成两个区域。

客厅的摆设

客厅的酒柜或橱子务必紧贴墙壁，另外沙发也须面对大门或电视，千万不可背门。因为沙发背门会让自己的人际关系不融洽，且易犯小人或与他人生口舌是非；另外一点原因是如有人进入，有第一反应时间。主沙发背后无靠实墙，气场会极不稳定。其最主要之效应，为运势反复，无贵人相助。沙发位置让其靠实墙。如果无法移位，可以在其沙发背后安置36枚古钱形成一道气墙来稳住气场。客厅沙发套数不可重复，最忌一套半，或是一方一圆两组沙发的并用。客厅中的鱼缸、盆景有"接气"的功用，使室内更富生机。电器用品像电话、电视、音响等通常会摆在客厅，因此电器的线路程会特别多。最好是把这些线路做成隐藏式或处理整齐，才不会让客厅看起来杂乱无章而影响心情。

客厅应多使用圆形造型的装饰物

客厅是家人和亲友相聚的地方，最需要营造出活泼、融洽的气氛。圆形属阳、是动态的象征，所以圆形的灯饰、天花造型、以及装饰品具有引导温馨、热闹的气氛。

客厅不宜塞满古董、杂物或装饰品

客厅如果塞满古董、杂物和装饰品，容易堆积灰尘，影响气流畅通，当然容易使人气血不顺，健康衰败。

客厅的鞋柜高度

门口旁的鞋柜以不高于成人臀部为佳，因为每天穿的鞋子多少会沾尘沙，代表秽气，会影响运势。

客厅宜干净整齐

客厅代表对外沟通的枢纽，所以要随时保持干净整齐，避免堆放垃圾杂物；而灯泡或日光灯坏了也要赶快更新，才可凝聚家人的向心力，并增强个人的财运。

忌主沙发背后为走道

主沙发背后为走道，气场会极不稳定。其最主要之效应，为运势反复，会有内贼出现。

最彻底之化解方式就是调整主沙发位置，靠实墙摆设。如果无法移位，可以在其沙发背后安置36枚古钱形成一道气墙来稳住气场。

忌卧室大于厅

卧室房间之面积大于客厅之面积，这会让人产生孤傲、自闭、宽以律己严以待人，自私自利之效应。

如果可以最好重新做隔间这样才可以彻底化解煞气，如果无法重新做隔间，建议可以在适当之位置，安置一组五帝钱来区隔地气。

忌入门见餐桌

如果餐桌摆于贵宅之入门处，让人一进来就可以看到餐桌上面之情形，这会有漏财之效应。

建议最好调整餐桌之位置，或是用屏风做阻隔，或是干脆将餐桌收起来化解。

不可轻忽的小细节

在客厅的风水最主要的是上述几项，但另有一些小细节如果也能注意到的话，对居家是很有帮助的。

1. 客厅里所挂的字画要符合自己的身份地位，依、士、农、工、商不同的职业而悬挂不同的字画。例如：工商界人士要挂关公画像或桃园三结义图，表示义气和信用。

2. 客厅不适合任意挂镜子，因为在风水上这样是属凶的。但如果客厅的门正好对冲别人家的屋角或墙边时，挂面镜子作屏风可以化解不祥的冲煞之气。

3. 古人言："积善之家必有余庆"，当然，若你真的没有太多时间或瞀去处理室内风水总是的话不妨多做善事，于人于已都有好处。

化解客厅尖角的方法

由于建筑设计方面的原因，许多现代住宅的客厅存在着尖角与梁柱，不但观感不佳，而且对居者构成压力，这对住宅风水影响甚大。并且从住宅美学的角度来看，亦要多费心思，否则便会令客厅失去和谐统一，因此必须设法加以化解。化解尖角有以下几种办法；

用木柜来把尖角填平，高柜或低柜均可。

把一盆高大而浓密的常绿植物摆放在客厅的尖角位，这也可有助于消减尖角对客厅风水的影响。

在客厅的尖角位摆放鱼缸亦是好的化煞之道。因为鱼缸的水可消减尖角的压迫，令这个角位的气大有回旋余地，这不但符合风水之道，而且可美化家居景观。

采用以木板尖角填平的方法，仿如以木墙把尖角完全遮掩起来，然后在这堵新建的木板墙上悬挂一幅山水国画，最好是华山日出图，以高山来镇压这尖角位。这样一来，既美观而又可收化煞之效。

把尖角中间的一截掏空，设置一个弧形的多层木制花台，放几盆鲜润的植物，小品并用射灯照明。这样，既避免了以尖锐示人，也使家中顿添盎生趣，化弊为利，成为家中一个观景的亮点。

客厅梁柱风水的化解

客厅中若有梁柱出现，无论在家居设计方面或者风水方面均是需要解决的难题。

直者为柱，横者为梁，梁柱用来承托房屋的重量，因此均不可或缺，差别在于是否出现在显眼的位置而已。倘若出现在显眼地方，会对客厅的风水造成妨碍，便需要设法遮掩。

客厅的柱主要分为两种，一种是与墙相连的柱，称为墙柱，而另一种是孤立的柱，均与建筑设计有关，在目前的建筑设计中，柱网已成为一个很受关注的问题，所以独立柱已经较少见到。

因为墙柱较易处理，但独立柱若处理失当，便会使客厅默然失色，而且风水效应亦会大打折扣。一般来说，柱愈大便愈难处理，所以在选择居所时，便要看清楚屋内是否独立柱大而多，倘若有这种情况出现，便应割爱而另择佳处置业为宜。

柱之上大多会有梁，因此坐近柱边，往往会有横梁压顶之感，所以应尽量避免坐近柱边。有些人喜欢在两柱之间摆放沙发，以为这是善于利用空间，其实这是错误的，原因就是柱上大多有横梁，若是贴柱而坐，则很可能横梁压顶，横梁压顶实际上犹如受人胯下之辱，发展及活力易受压制，在风水上是大忌。而如果是以柜来摆放在两柱之间，虽有横梁压顶，但压的是柜而并不是人，因此并无大碍。

连墙的墙柱通常用书柜、酒柜、陈列柜等便可将它遮掩得天衣无缝，与客厅的其他部分浑然一体。与墙柱相比起来，独立柱当然是要难以处理得多，因为有独立柱存在，会令人视野受阻，而活动空间又遇到障碍，必须巧妙布局，才可化腐朽为神奇。

如果独立柱距墙壁不远，可采用以木板或矮柜把它与墙壁连成一体。柱壁板可以挂画或花草来作装饰，而矮柜则可令视野通透，增加景深，没有沉闷闭塞之感。

倘若不用矮柜，选用高柜亦可，但视野当然会打折扣，此外，若用高身木板来间隔，则墙上宜加装饰照明，以免太过单调。

独立柱如距离墙壁太远，不能以柜或板把它与墙壁相连，则必须以其作为中心来处置，以下是两个既美观而又符合风水之道的解决方案：

柱位作分隔线

因为客厅中的独立柱很显眼，因此可以把它当成分界线，一边铺地毯，而一边则铺石材。此外亦可做成台阶，一边高一边低。这样看起来，仿佛原先的设计便是以独立柱作为高低级的分界线，观感便会自然得多。

花槽绕柱

阔大的客厅中，可在独立住的四边围上薄薄的木槽，槽里可放些易于生长的室内植物。为了节省空间，独立柱的下半部不宜设花槽，花槽应在柱的中部开始，这样既美观而又不累赘，并且达到了客厅立体绿化的效果。

因为柱位遮挡了部分阳光，故此在柱壁上应该装置灯光来作辅助照明，既可解决客厅中光线不匀的弊端，又可增加美观。

鞋柜及鞋子的摆放

不少女士拥有大堆不同款式的鞋子，并喜欢将鞋放于睡房内，方便上街前选鞋衬衫。可是在风水学上，鞋只适宜摆放于大门口附近，却不宜放在屋内其它地方，包括睡房。

上街穿的鞋，沾染了金、木、水、火、土五行的气，通常比较杂乱，故只适宜放于经常出入的大门附近。如果把鞋子四处乱放，外面"不好的气"将会随鞋子进入屋内，直接影响屋中人的运程。所以，家居最好添置一个鞋柜，将鞋子全部放进柜内，不好的磁场便无法随便释放出来。

对于大门面向走廊的家居，鞋柜更可兼作屏风之用，阻挡由大门直冲而进的煞气。至于不曾穿过上街的新鞋，或室内专用的拖鞋，放在家中任何地方都没有问题。鞋柜要清理干净、鞋垫要更新，因为鞋柜是浊气最易聚积的地方，也是细菌的温床。

鞋柜摆放的方向也要注意：一家之主若从事文职工作，宜把鞋柜放置于家中的文职位，即东南方；蓝领工人等靠劳力谋生的朋友，则宜放于武职位，西北面最有利，有助事业更上一层楼。以上的方位长年适用，勿须每年转换。

鞋柜通常是多层式设计，以风水角度来说，鞋柜以五层高为佳，皆因这代表五行并存。鞋柜少于五层问题不大，多于此层数则属大忌，因为鞋属土，应该"脚踏实地"，将鞋放得太高的话，便会影响穿者，走路时容易扭伤、跌倒。再者，鞋子代表"根基"，根基打得稳，有助事业发展理想。

同样道理，每层鞋柜最好摆五对鞋，以达致五行平衡的效果。

另外，现时流行的尖头鞋，鞋头最好向柜内放。否则，每次打开鞋柜取鞋的时候，鞋尖对着自己，形成火煞，久而久之，对健康有害无益。

适宜点缀客厅的植物

客厅中可用品种为富贵竹、蓬莱松、仙人掌、罗汉松、七叶莲、棕竹、发财树、君子兰、球兰、兰花、仙客来、柑桔、巢蕨、龙血树等，这些植物在风水学中为"吉利之物"，可吉祥如意，聚财发福。

客厅沙发的色彩及禁忌

家人聚会谈心，共享天伦之乐，最重要的空间就是客厅，客厅的摆饰、家俱、沙发及桌椅的颜色、形状、材质都和家庭运势及事业运势息息相关。以客厅坐椅为例，很多家庭喜欢用大的红木椅，甚至扶手、椅背雕龙刻凤，配上深冷颜色的大理石，放在斗大的公寓客厅中，造成空间的压迫感觉，只为了一个理由："好整理、清洁容易"可是为了一个方便，可能形成家内风水的不协调。

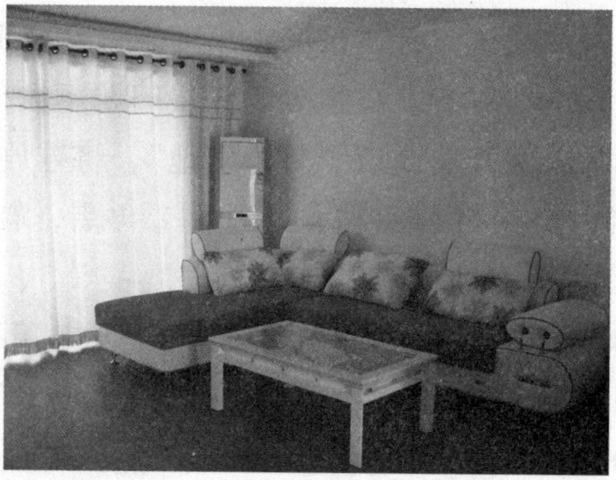

因为大理石（黑纹石、云石、蛇纹石）都是阴气极盛的材料，加上火红的木色，所造成的结果是接触久了，是非争端层出不穷，身心不安宁。最好的方法是以较阳气的材料取代，例如：织物、纤维类材料、棉麻做的沙发最开运，颜色当然以光鲜亮丽，最能招财。尤其从 2004 年以后，鲜黄、金色、紫红、银色、翠绿、砖黄色都是开运招财的吉祥色，可多利用这六色搭配，沙发椅垫或靠垫。

沙发后忌无靠

沙发坐椅的摆设位置，主人座位各主墙的位置关系相当重要，以1、2、3人座的座椅为例，3人椅最好后有靠墙，也就是代表有较长远的靠山，如能远眺美景更好；若长沙发后无墙做靠山，则财务易出问题。而主人椅座的位置，则一定要能看到外面远景才可。若外景不佳，可用花卉盆栽做修饰，才不致于影响到主人在家中的地位及事业的运程。例如客厅两面墙都可摆长沙发，不知何面为主墙时，可用下列方法判断：

1. 墙后为厕所、厨房，不宜当主墙靠山。

2. 墙后为外墙，且易招日晒雨淋，不适合当主墙。

3. 长沙发摆设应朝向旺方摆设。

座椅沙发摆设如此重要，相对茶几的安排也是风水考虑的因素。常见的开运茶几，用石材或玻璃制成，是稳重和权势的象征，若摆在房子西北角更代表男主人的事业基础稳固；若在西南角则会让家中的女主人掌权。此外用金属材料制成的茶几，不易潮湿，如果镀上黄金色还可招来财气。

沙发的摆放与财运的关系

沙发坐椅的摆设位置，主人座位和主墙的位置关系相当重要。以1、2、3人座的座椅为例，3人椅最好后有靠墙，也就是代表有较长远的靠山，如能远眺美景更好；若长沙发后无墙做靠山，则财务易出问题。而主人椅的位置，则一定要能看到外面远景才可，若外景不佳，可用花卉盆栽做修饰，才不致于影响到主人在家中地位及事业的运程。例如客厅两面墙都可摆长沙发，不知何面为主墙时，可用下列方法判断：

1. 墙后为厕所、厨房，不宜当主墙靠山。

2. 墙后为外墙，且易招日晒雨淋，不适合当主墙。

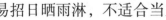

3. 长沙发摆设应朝向旺方摆设，2011 年的后 5 年当旺方为东方、东南方、东南方、南方、南方；所以主墙可根据此法推断出来。

茶几的摆设与财运的关系

常见的开运茶几，用石材或玻璃制成，是稳重和权势的象征。茶几若摆在房子西北角更代表男主人的事业基础稳固，若在西南角则会让家中的女主人掌权。此外用金属材料制成的茶几，不易潮湿，如果镀上黄金色还可招来财气。

家具不失为一个明智之举。

客厅忌挂意境萧条的画

客厅的吉利字画，既能点缀居室的色彩，催旺家运，又能体现主人的个性、品位和风格。

对提升家居气色，营造富贵气息，有极为重要的作用。一般

说来，吉利字画的选择最主要的是依据一个既定的主题，挑选出吸引你的作品，使吉利字画充分表达出你的爱好和品位。将吉利字画作为家里的中堂，悬挂于客厅，以求锦上添花，旺上加旺，是良好家居的布局方法之一。

家居的吉利字画，是指寓意吉祥与美好祝愿的书法及象征荣华富的牡丹花画，象征年年有余的莲花锦鲤图，象征健康长寿的松鹤延年图，象征福分永存的流云百蝠图等等。家中挂画，应以光明正大的内容为宜，避免孤兀之物。如有山水画挂在厅堂之上，要观其水势向室内流，不可向室外流，因山管人丁水管财，水流入乃进财，水流出为丧财。船画要使船头向室内，忌向室外，因为向外者损财丁，而向内者招财宝。

许多人家中喜挂奔马图，也要注意马头须向内。另外在一梯四户或以上的结构中，极易形成暗墙，正因其在暗处，有些缺乏阳光照射的，日夜皆昏暗不明，久居其中便容易情绪低落，必须设法加以补救。可在家中的暗墙上悬挂葵花图，则取其"向阳花木易为春"之意，来弥补采光上的缺陷，这也属于风水学的范畴。沙发顶上的字画宜横不宜直，若沙发与字画形成两条平衡的横线，那便可收相辅相成之效。

有些人由于种种原因，把一些意境萧条的图画悬挂在客厅，这从风水角度来说并不适宜。所谓意境萧条的图画，大致包括惊涛骇浪、落叶萧瑟、夕阳残照、孤身上路、隆冬荒野、恶兽相搏、孤藤老树等几类题材，中国人最讲究意头，倘若把以上几类题材的图画挂在客厅上，触目所及皆是不良景象，暮气沉沉，孤高怪僻，以此为客厅中心，艺术效果可能不错，但整体显得无精打采，暮气沉沉，居住其中，心情自然会大受影响，因此客厅还是应以悬挂好意头的图画为宜。

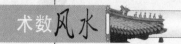
第七章　卧室装饰风水

　　人生的三分之一时间几乎都在卧室度过，卧室是一个人最后的避风港，也是每天的加油站。卧室内的环境情况会直接关系到一个人的休息和睡眠，因此卧室的"风水"好坏关系着我们是否能拥有旺盛的精力、滋润的面色……因此，在装饰的时候对卧室的格局、布置一定要考究，用心经营而达至一种安定静谧、温馨祥和的环境，使之达到居住者的理想。

卧室位置的选择

　　在一般情况下，最有利于成人的卧室位置是在住宅的西南方与西北方，即乾坤位。这两个方位能够提升人的成熟度与责任感，在工作与生活中更易得到他人的尊重。而位于住宅北方卧室比较平静，这对失眠者特别有用；位于住宅西方的卧室特别有利于夫妇分享，能够提高性生活的质量；而住宅的东或东南分对刚步入社会的年轻人有益。

　　同时还应注意，在复式或别墅的上下层结构中，应该注意不可设在厕所的下方和车库的上方，并且不可把改建后的阳台当卧室。卧室的形状最好方正，不宜狭长，这样才有利于通风，卧室门不可直对厕所，因为厕所的秽气与水气极易扩散至卧室中，而卧室中多为吸湿的棉布制品，将令环境更为潮湿；卧室门不宜相对，此谓"相骂门"，易于导致家人口角。卧室门不可正对大门，否则易诱使居住者耽于淫乱色欲之中。卧室里的入墙柜或跨整幅墙壁的大柜应能够储存所有的衣物，有助室内的整齐有序，符合归藏于密的道理。

　　卧室最好不要含有卫生间作为套房，因为里面的潮湿及污秽之气易进入睡房，并且进出卫生间会影响人在床上的休息，在长久的家居生活中会感觉不便。遇到这种情况，则必须保持关上通往浴室之门，并且装上门帘作为进口屏障。

　　在古代风水术中，理想的卧室吉相，乃是家庭成员各自拥有适合自己方位的卧室。换句话说，主人夫妇应该居于西北方位（从屋子中心看）的房间，长男居于东方，长女居于东南，老人居于西南。至于其他的家庭成员，居于哪一个方位可随意处理。

　　卧室是吉相的话，疲劳就能够充分地消除，很轻易就能够恢复活力。

　　选择住宅以方正大气为上，卧室尤其如此。卧室的墙面不宜有凸出的柱角，或者有太多带有方角的家具。正方形的卧室是最理想的卧室，如若卧室是长方形的，那也不用担心，可以通过调整卧室变得理想，可将床铺的方向调整到顺着卧室的长度方向，

然后在卧室的中间用矮柜隔断，使卧室分成大致呈正方形的两个区域，矮柜上可以放置电视，这样就可以靠在床上看看电视，也不用担心长夜难眠了。这样的安排，狭长的卧室便不会有空洞和孤清冷落的感觉。不规则的房间不可用做夫妇的主卧房，否则会导致久婚不孕的后果。

选择卧室的房间应朝南或朝西南，因为这两个方位比较利于人的睡眠，我们在睡眠中，大脑仍需大量氧气，而朝南或西南方向阳光充足，空气流通，晚上自然有着很好的舒适感。

卧室格局要点

卧房形状不宜斜边凸角

住宅以方正大气为上，卧室尤其如此。卧室的墙面忌有凸出的柱角，或者有太多带有方角的家具。因为世界上的每一件东西都是具有能量的，而每件东西的能量和能量之间存在着互相的影响，有些影响是好的，而有些是不好的，这些"好"与"不好"也就是所谓的"吉"、"凶"了。卧室中的柱角和家具的直角所产生的能量就是不好的，对床上的人来讲，整夜受到这种力量的冲克，不但影响健康，亦容易造成精神不稳定。卧房白天应明亮、晚间应昏暗。卧房应设有窗户，除了空气得以流通外，白天更可以采光，使人精神畅快；而晚间窗户应备有窗帘，挡住户外夜光，使人容易入眠。

大楼卫浴间不宜改成卧房

现代大楼管线整体施工，所以整栋大楼卫浴间都设在同一地方。如果将卫浴间改为卧房，势必造成睡在楼上和楼下两层的卫浴间之间。而卫浴间本为潮湿、不洁之所，夹在当中必然对卧室的环境卫生有所影响。另外当楼上马桶、水管开动之时也绝对会影响到您的安宁，所以会对人的身心健康造成伤害。

窗台不宜作床

由于居住环境问题，许多住宅都将窗台用作睡床。这样便可以物尽其用，增加睡床的宽度。虽然这些方法可以充分利用窗台的面积，但当睡眠时一不小心，便会弄破玻璃或造成人命伤亡的惨剧。尤其是儿童之睡床更不应该太靠近窗台，因为他们好奇心重，往往会被窗外事物所吸引而窗外望或爬出窗框，就会酿成危险意外。所以，儿童的睡床位置是最好摆放于靠近墙角位。同时，屋内的窗不要太多或太低，只要在室内空气流通就没有问题。由于睡床太贴近窗口，若窗与街道太近，睡眠时就像睡在街道上一般。遇到行雷闪电或灯光照射，会因而导致睡眠不足和心理恐惧。其实风水亦是心理学和环境学，只要恰当地改善环境去迎合风水之道，便不是迷信的事情。

卧室门不可正对大门

现在的房间装修往往大动干戈，主人喜欢按照自己的生活需要和审美喜好，在最大程度上改变房间的原有结构。改变结构并不是坏事，只要物业同意、不敲承重墙而导致楼房倒塌，将房间结构调整得复合风水之道，绝对是一件好事。但有一点需要注意：在调整卧室的门的时候，千万不要将它和套宅的大门连成一线。这样的结构，一则会使套宅大门的入气直冲卧室中，违反了家相学中"喜回旋，忌直冲"的原则，二则会使居住者沉于淫欲，过分地迷恋于男女之事，从而使身体健康状况日下。

卧室门不可正对厕所

厕所是供人排泄的地方，容易产生秽气和湿气，所以正对厕

所门会对卧房的空气产生影响，对人的生体健康有害。

卧室不宜在客厅前

正常的住宅，多是客厅在前，卧室在后，但是现在的公寓住宅，为了配合整体性的隔间设计，往往会出现相反的情形，变成一进大门先看到的是卧室，客厅则在卧室的后面，这种房子叫"退宅"，又叫"退财宅"，居住其间必然财运日衰，每况愈下。但如果将住宅比作人体的话，屋子的正中央就如同人的心脏，是最最重要的所在。屋子正中央，不宜摆设重物；但如果已经隔有房间，但空置不用是则为大凶。而屋子中央用来当天井、浴厕或厨房，也是千万要避免的，不如用来当客厅、起居室或卧室，而且流行于香港、台湾的现代家居风水学认为，睡在位于套宅中央的卧室，乃帝王之兆，是发展仕途的绝佳选择。

卧室不宜如车厢般长

正方形的卧室是最理想的卧室，如车厢般长方形的卧室，睡在里面有一种孤独凄凉的感觉，有些人着枕即眠，当无大碍。而一些本来不太容易很快睡着的人，或是有神经衰弱的人，就更不容易睡着了。如果卧室是长方形的，那也不用担心，可以通过调整使卧室变得理想。可以将床铺的方向调整到顺着卧室的长度方向，然后在卧室的中间用矮柜隔断，使卧室分成大致呈正方形的两个区域，矮柜上还可放置电视，这样也可以靠在床上看电视，也不用担心长夜难眠了。

卧室门不可正对厨房或和厨房相邻

卧室如果与厨房相邻，火煞之气会过大，卧室之气场会过于燥热，使人容易脾气暴躁，对身体也会有不利的影响，夫妻较容易产生口角冲突。可以在床铺下方铺上黄色之地毯来化解。因为黄色属土，火生土，土可以泄火。藉此泄掉火煞之气。以求化解。当然如果可以在地毯下方缝制36枚古钱效果更好。

两室一厅及其以上的住宅，经常有一间甚至两间卧室是紧邻厨房。由于这样的卧室往往是次卧室，一般家庭都会把这样的卧室给孩子居住，而且将床靠在卧室与厨房的隔墙上。日子久了，孩子的性情渐渐地发生改变，变得日益暴躁不安，读书学习的时候思想也不易集中，令家长操心异常。尤其是别墅或是复合式住宅，如果一楼是厨房，厨房上面是卧房，那情况就更加糟糕。厨房五行属火，其性为炎，即便不在生火做饭的时候，其炎之性依旧，睡在厨房上面的住户，每晚"蒸蒸日上"，但身体状况、体力、定力各方面则每况愈下，如此下去，事业、学习会大受影响。可以在床铺下方，铺上黄色之地毯，或者在地毯内缝制36枚古钱来化解，当然最好还是别在厨房上方设置卧室为宜。

梳妆台的摆放禁忌

梳妆台是女性"扮靓"的地方，究竟要如何摆放才合符风水原则呢？

梳妆的镜不宜冲门，因为在进入睡房时容易被镜子的反影吓坏；

梳妆镜不要照床头，否则，容易做恶梦或精神欠佳。

某些梳妆台在镜子部份有两扇门作装饰，在不需要使用镜子时，可将其关闭，使用时

旺宅居家环境学

才打开。而使用这种镜子，无论怎样安放，也不怕冲门或照在床头了。

男士们，千万不要跳过这一篇。自古以来，梳妆台都是女性在用，所以感觉存私房钱是女人才会做的事情，其实存私房钱的特权不只是女人的。现代讲究女男平等，双薪收入的夫妻更是比比皆是。

从梳妆台的杂乱无章来看，表示主人并不善长整理私密的事情，不管私房钱数目多少，都容易东放西存、没有统一管理的习惯。所以布置一个招财的梳妆台，首要的步骤就是维持清洁干净，并且加强除湿，抽屉里面放一些除湿芳香剂，让自己在这个私密的地方感觉舒服自在，理财的智慧和能力自然也会增加。

布置纳财葫芦

如果觉得自己老是缺乏机会积存私房钱的人，可以在梳妆台挂置一个天然水晶做的葫芦，或是天然晒干的空心葫芦。因为葫芦可以纳气藏气，具有能量磁场的天然水晶更佳，可以让脑筋开窍，个人理财能力变得更为机灵，会冒出很多点子和灵感，让你从生活的便利中积存私房钱。

梳妆台颜色

梳妆台颜色会影响人的视觉神经，传达给脑神经、脑细胞，左右对私房钱处理的智慧和行为力量。所以，如果你有添购梳妆台的打算，这里提供一些关于颜色开运方法。

黑色系——能增强保护

隐藏私房钱。

　　白色系——能增强清晰的脑筋、帮助整理私房钱。

　　黄色系——能增强私房钱转投资的获利。

　　红色系——能增强开创私房钱的勇气。

　　绿、青、蓝色系——能增强创造私房钱的机智。

　　紫色系——能增强利用婚姻创造私房钱的机会。

　　粉色系——能增强利用爱情创造私房钱的机会。

有横梁卧室的布置方法

　　房间顶部由一根水泥横梁，阻碍了家具的放置，这种房子家具应如何放置才是最适合的？（即不对着门口，人也不睡在横梁下）。

　　根据房间的结构，若利用原有条件，是无法避开床冲门或横梁压顶，那么就需要用"风水石"来缓解。

　　床位位置，虽避开了横梁压顶，但床冲门。按风水说法，横梁压床比门冲床的像更凶险一些，所以需在进门玄关处放置一座小屏风，与古建筑进门处照壁类似设一个小挡屏。屏风可买也可自己动手做，建议用木头或磨砂玻璃，如此既挡住冲门的"风"，又保证卧室良好的私密性。

　　床可以避开冲门摆放，但梁下须放置两头石制或工艺的大象，由大象来给你顶梁为最好。若有心于风水，望努力寻觅。

　　一般来讲，横梁切勿压头，如不可避免，宁可压到脚为最上策。根据房间结构，如实在不行，床可放有窗的那面墙。处理床对门的问题时，放置挡"冲门风"的挡屏即足以避开，挡屏既美观又保证了卧室良好的私密性。如仍对横梁难以释怀，继续在梁下放置大象两头，就足以高枕无忧了。

旺宅居家环境学

卧室色彩宜忌

　　卧室色彩的选择不但是一个美学问题，还涉及到人本身的生命信息，爱好等多方面因素。无论如何，卧室应在色彩上强调宁静和温馨的色调，以有利于营造良好的休息气氛，一般以蓝色、粉色和米色调系列为宜。可按如下步骤进行：

　　首先确定卧室的主色调。卧室的主色调，一般是指家具、墙面、地面三大部分的色调，如果墙是以绿色系列为主调，物品就不宜选择暖色调。

　　其次是确定好室内的重点色彩，即中心色彩，卧室一般以床上用品为中心色，如床罩为杏黄色，那么，卧室中其他物品应尽可能用浅色调的同种色，如米黄、咖啡等，最好是全部物品采用同一种图案。

　　另外，还可以运用色彩对人产生的不同心理、生理感受来进行装饰设计，以通过色彩配置来营造舒适的卧室环境。例如：

　　白色，明快、洁净、朴实并纯真。

　　黄色，活泼、柔和、尊贵。

绿色，健康、宁静、清新。

蓝色，深沉、柔和、广阔。

紫色，高贵、壮丽、神密。

总之，太鲜艳或太灰暗的颜色都不是最佳选择，前者会使人精神亢奋，后者使人情绪消沉，两者同样影响休息，均不宜采用。

宜生男或生女的卧室装饰

医界普遍认为，生男生女和饮食、性交姿势、排卵期，甚至体内的酸碱性有一定程度的关系，但并非绝对有效，现在就从居家布置的角度来说明如何有利于生一男孩：

1. 把卧室设计成热情色系，如：红色、桃红色等，可增进Y精子的活动能量，提升生男的机率。而冷色系，如：黑色、蓝色、白色等，可提升生女孩的机率。

2. 打开卧室的房门，其对角线及左边靠墙的位置，是摆设床的最佳方法。而进卧室后，首先看到的位置，应是丈夫睡眠的方位，其里面才是妻子的睡眠处，先看到丈夫的意思，是代表其强势、抵抗外敌，具保护功能，其能量可提升生男宝宝的机率。反之，则易生女孩。

3. 想生男宝宝的夫妻，避免在丈夫睡侧的床头柜上放置有水的物品。如果放置有水的物品，可增进桃花和财运，提升生女孩的机率。

4. 至少有一面床缘要和墙壁紧靠，才容易生男孩。

5. 尽量采取男性在上女性在下的性交方式。

6. 把煤气炉移到房子的凶方，朝向房子的吉方。

7. 卧室尽量放些向上凸出的装饰。

8. 平常请生肖属龙的男孩子多在床上坐坐，亦可提高生男孩的机率。

另外，男性的性格也会影响其生男或是生女的机率，一般而言，性情温柔随和的男性，较容易生女孩，性情带侵略性、强势的男性，较容易生男孩。

爱情卧室装饰

以阳宅风水学而论，卧房的风水摆设与爱情运最为相关。所以若想要得到幸福的恋情，或是让伴侣之间感情更为融洽，那么你一定不能忽略卧房的风水摆设。想让自己的感情更顺利，爱情更甜蜜，那么不妨快来检视一下你的卧房风水是否及格么。

卧房格局要方正

卧房格局的好坏是爱情的投影，选择方正的卧房格局，可以让你的恋情发展更为平稳坚固，且爱情也会呈现中庸的状态，不会太过也不会不及。双方会处在一种平等且和谐的关系，对爱情有着理性的思考模式；反之，若卧房格局是属于狭长型的，彼此都容易脾气暴躁，缺乏耐性，导致争吵不断。

选择格局方正且属于自己桃花方位的房间当作卧房，这样感情运会显得特别的幸福与顺利。但是若你的卧房并非方正格局，那么则建议藉由物品与环境的布置，让房间"看起来"是一个方正的格局。例如：在房间缺角的地方装设镜子或布帘等……。

房间灯光要柔和

卧室是一个私密的空间，在此也可以增进许多情趣。不过若卧室四周密闭，没有窗户可让阳光照射进来，或是光线过于昏暗，都容易导致彼此之间有越来越多误会无法化解，以及不愿相互吐诉心事的倾向。

建议选择有窗户且可让阳光洒入的房间当主卧室，对恋情的好运与稳定度都有正面的帮助。而选择柔和自然的灯光、简单灯饰，不仅能让双方相处上比较没压力，也比较不会有移情别恋的现象产生；此外，若是卧房无窗，则可挂上有窗子打开的图画以表象征。

睡床不宜靠窗摆

卧房中若有窗户，较为通风，也可以让人身心较为开朗。窗户其实有象征感情的意涵，所以在很多爱情故事中，常常会有主

旺宅居家环境学

角在窗边互诉情衷、厮守一生的场景。因此对于卧房中的窗户，可就不能大意了。首先，床边尽量不要靠窗，有个小走道较好；再者，床头若对着窗户也不好，这样在夜间睡觉时易受不好的磁场干扰，长久下来，恋情也会出现慢慢出现裂痕。

床与窗成平行状态为佳，并加装窗帘，而夜晚入睡前记得拉上窗帘，可以阻挡掉不好的秽气。

床底清空保持干净

床下也是必须注意的重点之一，有时候为了节省空间或是美观起见，会将一些不常用到的东西堆放至床下。虽然这样就不会有碍观瞻的问题产生，但是将东西堆放床下，久而久之不但会积灰尘或是生虫等等，也会产生不干净的晦气，容易使爱情蒙上阴影。加上床底不流通，彼此在互动上也易产生沟通不良的问题。

若想使自己的桃花运活络起来，或使双方沟通无碍，那么最好能将堆在床底的东西收至储藏室。倘若床下一定要摆放物品，应选择床单较长且有流苏或大波浪的样式为佳。

影响夫妻关系的卧室装饰

在婚姻生活的路上，你和另一半的相处，是甜甜蜜蜜还是把吵架当进补的"相敬如宾"呢？不如我们从床的角度，看看夫妻相处之道的学问吧。

以下是一些容易导致夫妻感情出现问题的摆设。

性生活不美满

1. 卧室置鱼缸

鱼缸应该放在客厅，放在卧室会导致卧室变的很阴寒阴冷，夫妻之间应该要有温暖的感觉。

2. 挂裸女像

在房间挂裸女画的话会影响夫妻之间的感情，很容易让另一半起不好的联想，或者是让老公开始不满意老婆的身材。

大小吵不断

1. 狮头向内、老虎下山

家里狮子的摆饰一定要狮头向外，向内的话夫妻会互相争吵；老虎的图案一定要上山，不可以摆老虎下山的画，下山的话会伤人，也就表示夫妻容易吵架。

2. 面具、露牙玩具

家里摆面具的话容易让人感觉很虚伪，如果家中摆面具或者露牙齿的玩具，容易增加吵架的机率。

3. 尖角对床

卧房是夫妻相处时间最多最久的地方，所以卧房内如摆设太多尖角的东西，或有任何尖角物器对着床，这会导致共处于此室的二人，钻牛角尖、口角争执不断。

4. 床对厕所

床头直接对着主管排泄，代表秽气的厕所，不用怀疑，夫妻间的相处必然就像厕所般乌烟瘴气的三天一小吵、五天一大吵。

旺宅居家环境学

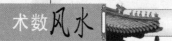

感情不稳定

1. 床压梁

房内睡床若有压梁情况，横梁在中，会把气分成两股，构成两气从横梁直下，对睡觉的人，不管运势或感情都不利。

2. 进门见床

一进门就见到床，这样的睡床风水让人睡得很不安稳，睡眠品质不佳，火气就大，夫妻互动自然不良。

3. 床太小或软

在风水上过小的床会让睡在上面的夫妻，肌肤产生排斥影响感情。另外，太软的床会造成重量不一、或让床垫倾斜一边形成气场不均以及不安定的现象。

容易分离

1. 前女友（男友）的礼物

家里有摆前女友或前男友的礼物容易导致夫妻分离。

2. 卧室内有电饭锅、微波炉

卧室里面有电气的东西，例如电饭锅、微波炉等等，这表示卧室有火在烧，火气很高亢，容易导致夫妻双方分离。

十二星座巧置卧室求取桃花运

白羊座

可以买些绿色小植物，让房间充满一些原野的气息，甚至养一小缸鱼都能提升你的桃花运，房间布置的颜色也以青苹果绿为佳。

金牛座

对于爱情十分在意，却老在面对爱情时勇气不足，建议你睡在南方的位置，会使你的个性更加积极，并在房间内装一盏小夜灯，放在床附近为佳。

双子座

双子座要想增强爱情运，就要把音响放在床附近，时时听着音乐入睡，可以降低你胡思乱想的敏感心情，并将浴室变成粉嫩的粉红色，在洗澡时吸收爱情的能量。

巨蟹座

蓝色是你的桃花幸运色，最好再去海边捡些贝壳放在床边，如果有细沙，就用漂亮的玻璃瓶装起来当装饰，也可以增加你的桃花运。

狮子座

狮子座的房间内要多放一些银色的装饰品，如果已经有了心上人，别忘了将你们俩的合照放在床头，要用银色边的相框。

处女座

对于爱情总是太过紧张，建议你在床前买一块紫色的地毯铺在地上，并且用香气充满你的房间，并在窗帘上绑上一些红丝带，绑成小小的蝴蝶结，会使你更加出色。

天秤座

桃花过多，房内最好多摆些玻璃瓶或白色摆饰品，如果在梳妆台上放一束白色小花，可避去你讨厌的对象，让真命天子快快出现。

天蝎座

天蝎座在西南方放置一面大型的镜子，并在镜子上方挂一个小香包，可以增加异性缘；而将一小袋盐包放在衣橱中，可以除去恋爱时的种种阻碍。

射手座

为了迎接桃花，建议把房间色调改成粉黄色系，香水也改用柠檬或青草味道，并替移动电话装上一个美丽的蓝色套子。

摩羯座

摩羯座个性会让他人觉得过于严谨，很多异性都常误会你很不好亲近。建议把房间布置成橘色调，灯光也要黄色调，可以让全身可以充满温馨的磁场，桃花也会越来强。

水瓶座

水瓶座对爱情很有主见，白色或米白色都是水瓶座的桃花颜色，家里窗户要常常敞开，窗帘则以天蓝色最优。在床头放一盏可爱的米色小台灯，可以增加吸引异性的魅力。

双鱼座

若是你的爱人老是对你爱理不理，你一定要在房间内的东南方摆上美丽的鲜花，鲜花以红色和粉色的玫瑰为主。若是没有鲜花，绿色盆栽也可以。

避免犯桃花的装饰

不可斜门

家里的房子的大门做成斜的或者家里的每个房间门都是正的，可是惟独卧室的房间是斜的，这就是斜门（邪门）！每天从斜的门进出之后个性会变的怪异，于是不应该的、另有目的的不好对象就很容易接近，也就是比较容易惹到滥桃花。

不可斜床

正当的床应该跟房间的墙壁垂直或者平行，但是有些人的床摆成斜的话，每天睡在上面容易思想偏激，很容易接受不正当对象的追求。

不可斜镜

化妆台的镜子一般说应该要跟床平行或者不要照到床，如果镜子位置是斜的基本上一定会照到床，镜子本身在风水来说就是很难把握的工具，每天对着斜镜子自然而然就会有一些不正当的事情接近，另外镜子以方型为上，尽量不要用不规则形或者弧形的镜子。

阳台不可晒内衣

家里的女性内衣内裤尽量不要晒在阳台，首先表示本身并不在乎，于是登徒子接近时容易得逞，另外如果对面的阳台有人晒内衣裤的话也不妥，因为阳宅学认为，看到的东西容易影响到人的思考行为。

结婚照忌随便悬挂

现实生活中有这样一种普遍现象，婚姻较幸福，也就是没有离婚的家庭，有一共同特征，便是家中挂着结婚照片。

结婚照给人的感觉很老套，到底结婚照有没有风水的含意？答案是肯定的。从方位学上，西北方代表丈夫，西南方代表太太。在大厅的西北方挂一幅结婚照片，代表此家庭中，丈夫对太太依然有结婚前的关爱。同样在西南方放一张二人结婚或渡蜜月时的照片，代表此宫位的人，心中依然视对方为最佳伴侣。

不放结婚照，放其他生活照可以吗？生活的效应，当然不及结婚照，因为一对夫妻最幸福的时刻，必为新婚之际，除初恋和热恋，新婚为爱情的高峰期。一张结婚二十五年后的生活照，当然不及结婚时的更有情趣。

一对夫妻结婚二十五年后，丈夫只将太太当成子女的母亲，甚至自己的母亲，多于视对方为情人，这是任何夫妻的人性所在。能在西北方及西南方摆放结婚照，为风水上极受推荐之吉祥摆设。

假如西北方及西南方代表婚姻关系，有一情况会产生，在西南方放一位俊男，或一位猥琐男士的照片，代表太太的宫位和世界中，有一俊男或猥琐男士出现。

假如西北方的情况更严重，例如将一位漂亮的美女，买回家中放在西北方，西北方的男主人马上有两位太太。曾有一对夫妇，购入床头灯后，灯饰为美女，结果当然不妙。

镜子亦不能随便放，镜子的反射，会令一变成二，原本放了一张属于你自己的漂亮结婚照，但你手多，在旁边加一块镜了，于是多出一位女士或男士，对婚姻反会造成不利。

很多人喜欢将结婚照片放在床头，床头代表坐山，坐山代表丁，向山代表水，结婚照放在床头，代表夫妻间有良好的感情生活。结婚照放在向山，代表二人在金钱上有很多瓜葛和纠缠，但这亦指好的方面，代表二人有情。

结婚照原则上不能放在床的右方，因右方为白虎位，放在此方会对婚姻造成不利。结婚照宜放于床的左方青龙位，可使二人之婚姻获得加强，幸福圆满。

将此套学问灵活运用，你希望大女儿早点嫁出去，在女儿房间的东南方放一张她喜欢的男明星海报或照片，女儿很快便可遇到意中人，而且样子有点似海报中的男明星。假如希望女儿稳定地结婚，在女儿的方位摆一对结婚男子，一男一女，女方写上女儿的名字，男方写上"未来丈夫"，也是很快见效的做法。

因此结婚男子是未婚男女的最佳风水物！这男子放在子女的位置，有催婚作用。未婚的小姐如为长女，放在东南方，二女可放在南方，小女可放在西方。假如独住，要放在西南方主妇位。

一张结婚照，可对婚姻产生极大的风水意义。一张结婚照，便是一对结婚夫妇，幸福婚姻的最有效保证，方法原来简单如此！有一位太太将好朋友的合照放在屋内西北位，那一年西北方行桃花九紫，一年后太太发现，丈夫恋上相片中的好朋友。邪门吗？

因此每一张照片，每一个"艺术品"，请勿乱放！

新婚洞房的装饰风水

从相识到恋爱再到有情人终成眷属，这是人生情感的归宿，也是情感最高境界。人类生命的延续也是从此开始，新的家庭也诞生了。

现实生活当中，大家看到结婚后的夫妻，并不是都那么的合合美美，欢欢喜喜，部分人结婚共同生活后不久，有的感觉到对方不象从前那样爱她（他）了；有的两人感觉共同语言越来越少了；有的是战争不断；有的甚至不久劳燕分飞。造成这些现象的主要原因有以下几种：

一是双方八字命理五行所至。（这往往是大家不能理解

的，因为大家只是看到事情的表象，而不去探究事情的原因，其实世界上有许多无形的东西在影响着我们，如风、电波，辐射等等。）

二就是居住环境对人的影响。一个宁静幽雅的名山大川给人是什么感觉？一个是垃圾满地，嗓音不断的环境给人又是什么样的感觉？这就是风水的差异性！所以新婚洞房的风水必须引起我们的重视。现在主要谈谈新婚洞房布局与装饰：

1. 洞房位置最好在阳光充足之方位为吉，如光线太暗，容易使两人心情烦闷压心口。

2. 洞房空气应畅通，以免新家具及装璜之木材（忌黑檀、黑色）、油漆味熏塞人的呼吸系统，影响健康。

3. 洞房墙壁及家具、窗帘尽可能不要用粉红色，这会使人产生神经衰弱、慌恐不安、易发脾气等，而吵架之事必然常常发生。

4. 洞房色调如果太阴暗，如深蓝、深绿、深红、深灰色等，容易使夫妻心情不爽朗。

5. 洞房地板颜色不要太黑暗，或大红、特红、粉红色、易使人脾气暴躁，口角多。洞房地毯、床巾、窗帘如果都是红色，则生女孩的机会较多。

6. 洞房的床位，白虎方不可逼迫，容易导致夫妻失和，但先生较有人缘。

7. 洞房的床位，不可靠紧迫虎方，致夫妻失和。

8. 洞房的床头两侧，不可向卫浴之门，易导致身体欠安。

9. 洞房的床前不可向卫浴之门，易导致身体不安，心口痛疼、下腹不适之症。

10. 洞房的床前不可放电视机正冲，谨防神经衰弱。

11. 洞房的床前及左右，最好不要照到大镜子，易生口舌是非。

12. 洞房的床头柜上，千万不可放音响，以免引起神经衰弱或

口舌是非。

13. 洞房的床头上方，新婚大照片最好不要悬挂，压迫感过重，使夫妻时常生恶梦。

14. 洞房的床头枕头两侧，不可被柜角或橱角、书桌、化妆台冲射，易使人偏头痛。

15. 洞房的床位脚部侧面，不可对厕所门，易导致脚酸痛。

16. 洞房天花板不可五颜六色，奇形怪状的装潢，谨防成八卦、天罗地网，对身体不宜。

17. 洞房天花板颜色不可红色或深蓝色。

18. 洞房床位之青龙方紧靠墙壁或近墙为最佳，易生男。

19. 洞房床位不可压梁，如果天花板有装潢则无妨。

20. 洞房床位不宜靠在落地窗边，阳光太强烈，易使夫妻难安。

21. 洞房内挂图布置力求朴素、高雅，艺术照片、挂图也尽可能减少。

22. 洞房床位白虎方不可有音响，易使口舌之争多。

以上是多年来的实践归纳的一些要点，只要洞房布置不违背上述各点，然后再考虑床位之方向，如果只注重方向而违背了以上法则，也是无益。

未婚女孩的卧室装饰禁忌

寒色调房间导致红莺星迟

未婚女性的卧室，以清爽的暖色系统（粉红、鹅黄、橙、浅咖啡）为佳，如色调太寒（白、黑、蓝）易导致红莺星迟。

床头忌凹入之壁柜

卧室床头以简单雅致为宜，忌设凹入墙中的壁柜，更忌堆得琳琅满目，对精神状态影响极大，务必要避免。

卧室宜暗而空气要流通

卧室宜暗（但光线仍要照得进来），空气要流通。

睡眠时头脚不可对着门

床不可对着门，睡觉时头脚皆不可朝着门。

壁柜家具忌用三角形

屋内壁柜、茶几以及其他家具，忌用三角形物，否则对主人及孩童不利。

畸型角屋不可用做卧室

卧室的格局务要方正，如果现有的房屋中，有不规则型的房间，宁可移作他用，也不可用来做卧室。

婴幼儿卧室不宜摆放的花草

　　望子成龙，望女成凤，这都是每一位父母的心愿，可是由于过份宠爱子女，也由于希望子女有一个安详舒适的读书空间，如卧室的布置及书房的布置，谁不想尽善尽美。可是经过多年来的室内设计操作经验显示，往往很多人弄巧成拙，尤其是卧室内花草的摆放。

　　首先，婴幼儿中对花草（特别是某些花粉）过敏者的比例大大高过成年人。诸如广玉兰、绣球、万年青、迎春花等花草的茎、叶、花都可能诱发婴幼儿的皮肤过敏；而仙人掌、仙人球、虎刺梅等浑身长满尖刺，极易刺伤婴幼儿娇嫩的皮肤，甚至引起皮肤、黏膜水肿。

　　其次，某些花草的茎、叶、花都含有毒素，例如万年青的枝叶含有某种毒素，入口后直接刺激口腔粘膜，严重的还会使喉部粘膜充血、水肿，导致吞咽甚至呼吸困难。要是误食了夹竹桃，婴幼儿即会出现呕吐、腹痛、昏迷等种种急性中毒症状。又如水仙花的球茎很像水果，误食后即可发生呕吐、腹痛、腹泻等急性胃炎症状。

　　再次，许多花草，特别是名花异草，都会散发出浓郁奇香。而让婴幼儿长时间地呆在浓香的环境中，有可能减退婴幼儿的嗅觉敏感度并降低食欲。

　　最后，须强调的是，一般来说花草在夜间吸入氧气的同时呼出二氧化碳，因此室内氧气便可能不足。

第八章　书房装饰风水

书房，顾名思义是藏书、读书的房间。书房是办公场所的延伸，所以它需要一种较为严肃的工作环境；同时它还要与其他居室融为一体，透露出浓浓的生活气息，所以它又是居家生活的一部分。它的双重性使其在家庭环境中处于一种独特的地位。怎样装饰、布置书房才可以产生宁静的效果，体现主人的个性和内涵？其实书房的装饰风水很有学问。

书房位置选择宜忌

书房给人提供了一个阅读、书写、工作和密谈的空间。其功能较为单一，但对环境的要求较高。首先要安静，给人提供良好的物理环境；其次要有良好的采光和视觉环境，使人能保持轻松愉快的心态。

书房的设置要考虑到朝向、采光、景观、私密性等多项要求，以保证书房未来的环境质量的优良，因而在朝向方面，书房多设在采光充足的南向、东南向或西南向，忌朝北，这样室内光照度较好，可以缓解视觉疲劳。

由于人在书写、阅读时需要较为安静的环境，因此，书房在居室中的位置，应注意如下几点：适当偏离活动区，如起居室、餐厅，以避免干扰。远离厨房、储藏间等家务用房，以便保持清洁。

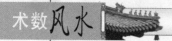

与儿童卧室也应保持一定距离，以避免儿童的喧闹影响了环境。书房往往和主卧室的位置较为接近，甚至个别情况下可以将两者以穿套的形式相连接。

从风水上来讲，书房的核心内容为文昌，据说它"在天居牛星之上，在人间主登科及第"，所以人们想方设法将书房安置在居室的文昌位或将书桌摆放在室内的文昌位，以达到"登科及第"的目的。

不同的风水流派对文昌位的寻求有各自的方法。

八宅派认为"生气"游星所居的位置为文昌位，只要知道开门的方位，利用《大游年歌诀》找到"生气"位就可以了。

门开西方兑位，西北为文昌

门开北方坎位，东南为文昌

门开南方离位，东方为文昌

门开东方震位，南方为文昌

门开西北方乾位，东北方为文昌

门开西南方坤位，东北方为文昌

门开东北方艮位，西南方为文昌

门开东南方巽位，北方为文昌

玄空学中一白为官星，四绿为文昌，认为"仕路重一白，科名重四绿，二者关会为妙"。玄空学经典之作《紫白诀》云：盖四绿为文昌之神，天辅太一；一白为官星之应，牙笏文章；还宫复位固佳，交互叠逢亦美。四一同宫，准发科名之显。《玄机赋》也有"坎无生气，得巽木而附宠联欢。""名扬科第，食狼星在巽宫。""木入坎宫，凤池身贵。"之论。不难看出，玄空学以宅盘的山向盘飞星一四、四一组合为文昌位，若运用得当，必能考试金榜提名、仕途顺畅，名利双收。

《宅法举隅》对文昌位有更加精彩的论述：凡作书室，宜取宅之一白、四绿方；一白、四绿间；又开一白、四绿门路；流年、建月得一白、四绿到方、到间、到门；或四一同宫，或还宫复位，必主名扬大利；又，屋外一白、四绿方有山水、楼台、亭、塔、殿阁拱照皆吉。宜天井开爽、窗户明亮，忌蔽塞昏暗，近灶、近厕，不宜在四墓、坤方；体格取木、火及金水，二层、三层为木火通明，最利。若一层，则配金水之局，白虎方高，利学生，青龙方高，利师傅。又宜与居命之纳音相合，应验极灵，考寓同例。"其论形气并重，理法分明，确实值得参考。

不过需要注意的是，古今现已有所不同，古代读书的目的是博取功名，以文科为主，最重文章诗赋，故重视一四，四一之组合。现代考试是综合性、全素质的检验，文理并重，范围之广已非一四、四一所能涵盖。根据《玄空秘旨》中"火曜连珠相值，青云路上自逍遥"以及"木见火而生聪明奇士"之论，我们可以得出这样的结论，凡是山向挨星有一六、六一；三九、四九、九三、九四；六八、八六；四一、一四之组合的方位，均可作书房，若书房外又见远山秀峰、园池放光（不可逼近）、状如笔架等景观来和星气呼应，效必彰显。

旺宅居家环境学

书房布置宜忌

　　风水中所说的方位，顾名思义包括方向和位置两个概念，那么书桌的方向应该向着哪里呢？一般来说，将书桌对着门放置比较好，比如您书房的门是向南的，就将书桌也向着门放置即可；这是方向问题，那么位置呢？这里要注意一点，书桌的方向要对着门，但在位置上却要避开门，不可和门相对。不然受门外煞气直冲，不但精神无法集中，而且这种长期受冲的书桌位置，必定给事业带来损失。这是书桌放置的最基本规则。除此以外，书桌还有诸多讲究，才能够壮旺文昌，并且配合文昌的力量，达到读书考试胜人一筹的效果。

书桌前宜面对宽广的明堂

　　有人认为一般书桌的位置本来就不太宽敞，如何能够有明堂？其实以门口为向，则外部就可成明堂，这样则前途宽敞，易于纳气入局，用者则头脑思路敏捷，宽阔无碍，能成大器；另外也可选面窗而坐，以窗外宽阔空间为明堂，能够观赏外部景观以养眼，也可收较好的功效。但窗外不可对旗杆或电线杆、烟囱等，如果正好面对旗杆或电线杆、烟囱等不利之物无法避免，则可在书桌上放置一块稳稳当当的镇纸来对外部的冲煞进行化解。

忌背后无靠

　　书房的使用者必须后有靠山前有水，指书桌不能摆在房间正中位，坐位应背后有靠。如果书桌摆在房间正中，四方孤立无援格，前后左右均无依无靠，主学业、事业都孤独，很难得到发展。而靠山可以是一道墙、一块板，目的是使坐者无后顾之忧。背后靠墙，既有安全感，又不易背后受扰，因为人耳能听八方，但眼只观六路。背后有靠，即谓有靠山，但凡能够成功出人头地的人士，除了自我的努力、智慧、机遇外，万万不可没有靠山。背后有靠，则读书考试、与人交往均能得贵人相助、宠爱，打工一族则更可得上级赏识提携。所以书桌的坐位后背应以不靠窗、不靠门等虚空为要，除了风水上的讲究之外，也缘于办公桌背后有人来去走动，则坐不安稳，难以集中注意力。

当然，透明的玻璃帷幕建筑是一种流行的趋势，但是，作为一个事业的主持者或重大决策的执行者，座位切不可背靠玻璃，这种"背后无靠"的情形是经营者的大忌，必然损及财运及事业的发展。同样的，在您家的书房里，也要避免背后无靠的情况出现，尤其是在校就读的大中小学生，书桌座位的背后最好能靠墙，这样就基本避免了背后无靠的发生。

忌正对窗户

每一间书房都应该有窗，因为有窗的房间，空气以及光线均较为理想，所以书房当然以有窗为妙。

但有一点请注意，书房的窗不宜正对书桌，因为书桌"望空"在风水学来讲是不太适宜的。撇开风水不谈，就环境而言，书桌正对窗户，人便容易被窗外的景物吸引分神，难以专心工作，这对尚未定性的青少年来说，影响特别严重。因此，为了提高他们学习时的注意力，家长应该避免把他们的书桌对正窗户。

书房的颜色

书房的颜色，应该按照各人不同的命卦和各个套宅不同的宅相具体来配。书房的颜色应以浅绿色为主。这主要是因为文昌星（有些称为文曲星），五行属木，故此便应该采用木的颜色，即是绿色为宜，这样会扶旺文昌星。另外，撇开风水不谈，单以生理卫生而言，绿色对眼睛视力具有保护作用，对于看书看得疲劳的眼睛甚为适宜，有"养眼"作用。当然也不必过于古板，只要有利于思考或保护视力而不流于世俗花哨均可。

办公用品忌高过头或脏乱

书桌用品摆放也各有讲究，因为与条理思路的关系均很密切。书桌上一定要有山高水低的格局。

书桌两头的用品不能都摆放得高过于头，使用者不能够伸展出头，这是大忌。必须有高低进行配制，具体来说，男性用者，左手青龙位宜高宜动，右手白虎位宜低静，而重要的有能量通过的物品如电话，传真机，电灯等均应放置左方，才较为有利。如是女性用者，则应加强右方白虎位，重要的物品可放置于右方。

书桌宜保持整齐，清洁，每一次工作后或读书完毕即要不嫌麻烦，收拾干净，尽量把垃圾清除掉。这样才有利于读书、学习，使其效应保持得以周而复始，每一次均由整齐开始，由整齐结束，有始有终，有益于迅速开动大脑机器及思维灵活清晰。

书柜忌坐吉位

关于书柜的摆放位置，只要记住以下的八字真言即可，"书桌坐吉，书柜坐凶"，书桌应该摆放在吉利的方位，而书柜则刚好相反，应该摆放在不吉利的方位来镇压凶煞。

书房忌放电视

书房环境要幽雅清静，使人能心无旁骛地在里面专心修习。不要放置电视、音箱之类的东西。

书桌不宜太靠近卧房，座位不要背对书房门。

书房光线宜亮，但灯光不可太强——主容易疲劳。

书房宜设在文昌位，文昌位会依流年而不同，若当年要考试则宜配合流年的文昌位，再另外请教明师指点。

书柜不可太高压床——主身体虚弱；书柜也不可压迫书桌——主心神不定、劳心头昏。

书房电器类不可太多——主头痛、心神不专。

文昌位风水布置

书房给主人提供了一个阅读、书写、工作和密谈的空间。其功能较为单一，但对环境的要求较高。首先要安静，给主人提供良好的物理环境；其次要有良好的采光和视觉环境，使主人能保持轻松愉快的心态。

书房的设置要考虑到朝向、采光、景观、私密性等多项要求，以保证书房未来的环境质量的优良，因而在朝向方面，书房多设在采光充足的南向、东南向或西南向，忌朝北，这样室内光照度较好，可以缓解视觉疲劳。

由于人在书写阅读时需要较为安静的环境，因此，书房在居室中的位置，应注意如下几点：适当偏离活动区，如起居室、餐厅，以避免干扰。远离厨房储藏间等家务用房，以便保持清洁；与儿童卧室也应保持一定距离，以避免儿童的喧闹影响了环境。书房往往和主卧室的位置较为接近，甚至个别情况下可以将两者以穿套的形式相连接。

文昌位的方位

从风水上来讲，书房的核心内容为文昌，它"在天居牛星之上，在人间主登科及第"，所以人们想方设法将书房安置在居室的文昌位或将书桌摆放在室内的文昌位，以达到"登科及第"的目的。那么到底文昌位在何方呢？

文昌是指文昌星，而文昌星又称作文曲星，自古相传是主宰文人命运之星。文昌有宅文昌、人文昌、流年文昌，以重叠力量最佳。

目前最流行的是宅文昌和六年文昌之说。宅文昌即是用"紫白九星"法之飞布，而求得"一白及四绿方"。一白是半文昌及半升官之吉星，而四绿是完全之文昌星。故此一、四同宫是主发科名之星，号为"青云得路"。例如八运（2004—2023 年）艮山坤向阳宅，此宅有三个方位为一、四同宫，即巽方（东南方）、兑方（正西方）、坎方（正北方）此三方都可作为书房，究竟安排那个房间为宜呢？可结合认得八子命理和宅命，首先要弄清西四命和东四命，如西四命可安排在正西方，如东四命可安排在东南方为书房。

至于流年文昌逐年改变，懂得紫白飞星的人，查看当年的一白或四绿方即可，这两个方位均可称为文昌位。一般人都不懂风水，没关系需要时可找风水师进行指点迷津。

文昌位的装饰

1. 利用文昌位来布置书房，在文昌位放一灰色或蓝色的地毡，书桌上可放一瓶水浸富贵竹，富贵竹的数目以一枝或四枝为佳。

2. 宅文昌对全家人都有作用，但影响力分散。人文昌较有针对性，对个人较有助益。

3. 欲求催短期内见效者，可将书桌放到流年文昌位上。另外，有这样的农村习俗，在每年的农历正月初一上头柱香时，用四棵葱及一棵芹菜来拜神，葱及芹菜要用红纸包裹，据传这样能使人聪明。（注：此法已超出风水的范畴，恐怕求得心理安慰的成分居多，是否有用，我没有尝试过，姑妄听之。）

4. 如果因家居条件的限制，无法将书台摆放到文昌位，可用风水用品来催吉。比如，在文昌位挂置四枝毛笔，或栽插富贵竹，或摆放文昌塔，同样可以催助学业，有时甚至效果更佳。

5. 择日在文昌位放一只"文兽"，亦可催助学业，使人学有所成。这个作法与孔子的传说有关。相传孔母梦瑞兽口吐宝物而梦醒胎动，从而生下孔子。

正确寻找家居中的文昌位

家居风水之文昌位是非常重要的。假若在一个家庭中，有三、四个小孩，跟本没有可能给与每个小孩各人一张独立的书台。

在这种情况下，最好的办法就是要利用一张圆形的书桌、写字台，把他们正确地分配坐在各人的文昌位上做功课或温习。什么是正确的方位呢？

甲日出生的人，文昌位在巳方、即东南方

乙日出生的人，文昌位在午方、即南方

丙日出生的人，文昌位在申方、即西南方

丁日出生的人，文昌位在酉方、即西方

戊日出生的人，文昌位在申方、即西南方

己日出生的人，文昌位在酉方、即西方

庚日出生的人，文昌位在亥方、即西北方

辛日出生的人，文昌位在子方、即北方

壬日出生的人，文昌位在寅方、即东北方

癸日出生的人，文昌位在卯方、即东方。

文昌星，文昌塔以及文昌笔

提起文昌星，文昌塔以及文昌笔，大家可能都不陌生。文昌

旺宅居家环境学

的作用，顾名思义，就是旺文。书房中的点缀和书桌上的摆放都有其讲究。希望子女考取卓越成绩的学生家长，不管是否相信风水，一般都会在书房中供奉文昌帝君、摆放文昌塔或者悬挂文昌笔。

文昌帝君

文昌帝君是掌管文章之神，人们认为得他手上之笔一点，将有利于科甲，如古代书院就有供奉文昌帝君。所以希望考取卓越成绩的学生都可以在家中供奉文昌帝君。

文昌塔

在中国很多地方，都有"塔"，而要催文昌，令人聪明，便会借助文昌塔了。文昌塔有利于读书、功名及事业。此物为最常用的风水法器。古人非常重视文昌，只要稍稍留意一下，就会发现，在我国有很多城市都能看到文昌塔（有的地方称为文笔峰）。如元朗屏山就建有文昌塔，据闻该村常出秀才及大官。凡是有文昌塔的城市，在过去都是出过很多文人墨客的。一般的文昌塔，有七层的，有九层的，摆放文昌位，则可立即使人头脑敏捷，思维发达。小孩子可将此器放在床头，成人则可将之放在书桌上。文职工作人员用此物，会大幅提高工作效率；学者将它放在书柜中，有利于文思敏捷。

文昌笔

文昌笔一般用四只，挂在四绿位，助缘旺文效果非常显著。常期使用文昌笔，必能开启智能，扫除无明，坚固记忆。考试者能强化考运；行事者能提升贵人运，易掌握机会点，再加上自身努力，定可发挥无穷潜力与能量。在房间的文昌位摆放文昌笔（行事者可随身携带使用，在工作完成后放置文昌位上）增强能源，长久下来，必可感受到变化。

提升学运点缀禁忌

现代人对于中国古老的风水术日渐重视，经常从各种渠道听从某些"秘诀"来改善自己的运气。其实，风水术并不神秘，其根本就在于从人与环境的互动关系中寻找到一条"和谐存在之道"，从而达到身心平和，自然做事情风生水起，顺意顺手了。现在介绍一些与读书相关的风水，或者可以对提升读书运有所帮助。

房型风水

近几年建造的房屋，常有模仿异国风情的外观设计，所以，每套住宅里，常常会出现不规则的房间隔断，作为学生，就不合适使用这种"非方正"的房间，来做自己的卧室或书房。

因为常在不规则房间里作息或读书，容易诱发使用人注意力不集中，往往容易被其他事情打断思绪。如果你正在使用不规则造型的房间，只能搬离弃用，和父母商量一下，选择一间"方正"的房间作为自己的卧室、书房。

房门风水

房门是你的"天地"与整套住宅的"风水岭"，在风水学中尤为重要。在设计中，需要注意以下两个环节：

房门的造型设计：你的房门与家里其他房间的房门应该保持风格一致，不要过于标新立异，比如其他的房间门都是普通的推进式，而你的却是拉开式或者是和式移门。

房门的对面：房门不应该正对着大门、厨房门、厕所门。

有以上"毛病"的房门，会使你读书运衰退，娱乐运上升，

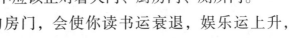

旺宅居家环境学

常常乐不思蜀，不想回家。针对第一点，可以将房门的设计与其他房间门保持一致即可；针对第二点，由于房门位置在装修时就已经定好，难以从结构上改变，只能在房门加上珠帘等物品"遮挡"，以减少干扰。

窗户风水

受到西方装修风格的影响，有不少家庭喜欢将床放在窗口下，制造一种太阳升起，自然睡醒的氛围。对于这种摆放，一定要注意，睡觉躺卧的方式，头部一定不能在窗户之下，尤其是贴着窗台设床的家庭。

因为窗口设床，使人容易受外界的干扰，容易受光污染、噪音污染打扰，晚上休息质量差，白天自然读书也困倦。所以最好让床离窗台一定的距离，同时，保证自己睡觉时，头部与窗户朝向不在同一直线上。

摆设风水

对于房子的硬件装修，基本在搬进去之前，都已经请装修公司搞定，很多人在自己拥有的小天地里，喜欢多做些布艺、装饰挂画（比如大幅明星海报）的个性摆设，从而把自己的"小窝"做得与众不同，有的房间里，整饬得琳琅满目，闪闪发光的饰物挂得到处都是，有的甚至在自己的床头挂着巨大的海报或者是个人写真照片，这都是不合适的。

因为过于花哨的布置对居住者会产生精神压力，而没有办法定神做好手上的功课，而床头挂画更是大忌，容易产生负面的心理投影，压制运势。所以房间内的摆设布置应以素雅温暖为宜，摆设对象不宜过多、过花、过闪，床头上方最好不要挂照片，也不要挂相框，实在喜欢挂，可放在床边，以小巧为主。

悬挂物风水

有的同学，喜欢在自己的书桌、床边、窗口、门口，挂些风铃、悬挂垂吊式的灯具等等，搞得很象电影、电视里的"温馨"风格。其实这都是不合理的。在你休息和做功课的地方，尤其是坐着、躺着的正头顶上方，不应该有任何悬挂对象。

长期在这样的悬挂对象下工作、学习，会影响到人的情绪与健康，学习运亦会受阻。

请看一下你的书桌上方、床头上方，或任何你经常停留的地方（比如图书馆）的上方，是否有这样的"突出下垂的对象"正对着你的位置？如果可以改造，就应该除去，如果没有办法改造，则一定要换个地方看书或学习。

盆栽风水

由于生活品位的提高，为了增加室内的绿意，常常有人喜欢买些花、盆栽来做室内饰物，应该说好的盆栽会增强你的运势，但是一定要挑选到合适的品种，如果它总是发生枯死、凋谢、落叶，就会产生衰败之气，并暗示人的负面心理情绪。请务必选择常绿、生命力强，不易凋谢、落叶的植物。如果你本身不擅长种植，不养最好。

灯光风水

挑灯夜读，是考试前的每个同学都有过的经历。光的风水术，也是近几年才发展出来的（因为我们的祖宗只有豆油灯、煤油灯，所以在古籍中并没有对灯光的特别要求）。合适的灯光可以提升你的学习效率。但差的灯光会影响你的生理心理，使人容易疲倦、头晕、并且诱发、加深近视。最好多利用自然光做功课、读书，夜间的灯光，以暖光灯为佳（黄光），而少用寒色光的灯泡或荧

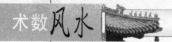
光灯。

书房桌灯的选择宜忌

日常生活中，使用桌灯主要的原因不外乎需要在某个定点，例如书桌前，较长时间的阅读、书写、工作。但应该如何选择适合我们使用的桌灯呢？在此，与您分享选用合适的桌灯的一些小秘诀。

注意避免眩光

因为必须长期专注的使用视力，所以在选择桌灯时，首先要注意的就是避免眩光和反射光的产生。

眩光会造成阅读的困难度，容易造成眼睛疲劳、酸痛或头痛等不适症状。对于电脑桌的台灯必须注意有足够的头顶照明来照亮键盘区域，要避免眩光和荧幕反射。桌灯应离开荧幕成一角度以避免电脑屏幕的反射。

能否自由调整角度

可自由调整角度的桌灯具有高度的实用性和弹性。在使用时，应持续调整桌灯的亮度和角度，直到找到最舒适的方式为止，而非只把灯调到最亮。

而桌灯摆设的位置也非常重要。最理想的位置是在使用者的左侧（若用左手书写者，则为右侧），避免造成阴影或眩光。

　　以上这几点，可做为我们选购桌灯时的一个参考。当然，选择灯具仍应依照个人需求和目的来购买，无论对造型、阅读或辅助光源都有不同的要求。如果是从国外买回来的灯，要注意电压及插头是否兼容。注意：若是使用国外的节能型灯具，因为可能要用变压器，在转换上会较为麻烦。

第九章　厨房装饰风水

　　阳宅三要素主要是"门、主、灶"，厨房是三要素之一。食物是生命之源，厨房的风水在家居中占有显赫的位置，虽然只是洗菜做饭的所在，但厨房代表一家人的财帛、食禄、及健康状况，并且把许多本不相容的容器集合在一起，所以在选择方位以及装饰、布置时一定要仔细考量，才有益于家庭的健康与发展。

厨房布置宜忌

　　就风水而言，厨房具有一些先天的缺陷，布置良好的厨房风水，长保身体健康，旺财旺运。厨房和浴室等大量用水的区域，被视为住宅中较不吉利的房间，而其所在位置的吉凶，经常会左右家运的兴衰。厨房在洗涤和烹调食物的过程中，会用掉大量的水，而水正是财富的象征，所以不利于财运的蓄积。但是另一方面，厨房和浴室又具有压制凶方煞气的功能。所以将厨房安置在无关紧要或凶方，反而对居住者有利。调整厨房的位置和厨具的摆设，去除其不利的因素，营造出良好的厨房风水。

忌背宅反向

　　风水学认为，炉灶的朝向如果和住宅的朝向正好相反的话是不吉的。何为朝向呢？炉灶的朝向即是炉灶开关的方向，而套宅的朝向是以采光面来确定的（也有以坐向来确定的等等），并不是指卧室窗户的方向，这是风水学的朝向和一般人们观念中的朝向不同处，必须要搞清。如果您的住宅门向北，而炉灶向南，就是犯了背宅反向的忌讳，是不利家运的。

　　风水师通常会建议将厨房安置在宅主本命卦的四个凶方，有助于压制凶方的煞气。炉火所产生的阳气可调和凶方的秽气，改善其风水。厨房也应位于住宅的后半部，尽量远离大门。

忌水火相冲

　　厨房中的炉灶不可与水太接近，除此之外，炉灶和洗碗盆之间也要留一块缓冲地带，尤其要避免两水夹一火，比如炉灶夹在洗碗盆和洗衣机之间，两水克一火，将造成虚耗大患，对家人的健康极其有害。

忌入门见厨房

　　《阳宅三要》指出"开门见灶，钱财多耗"，入门见厨房，刚从外面进到屋内即可看见厨房。从室内布局来说是不合适的，因为这会分散人煮食做饭时的注意力，对人的身体产生伤害，甚至可以引发火灾等事故。

可以在大门入门后设置一道不透光之屏风来化解。最彻底的化解方法是更改厨房门的位置，尽量使之不对大门。

忌厨门对灶

炉灶为一家三餐的餐饮来源，风水强调"食者、禄也"，也就是说炉灶是一家财富所在。炉灶忌风，因为风来、火容易熄灭，留不住财气，所以正对门口或是背对窗户皆不宜，否则容易导致财务困难。

阴阳平衡

前面提到，厨房是水火相冲的情况，但是如果能平衡二者，做到水火共济的局面，则可促进厨房风水的和谐。在风水上，厨房被定义为属阴的区域，是储存食物，而不是全家人经常使用的地方。然而，如果厨房的一角有向阳的窗户或门，就可增加厨房的阳气，使厨房阴阳平衡。但要注意，不可使炉灶靠近窗户或门。

厨房的地面不可过高

厨房的地面不可高过厅、房等地面，这一方面是可以防止污水倒流；其次是由于主次有别，厨房不可凌驾于厅、房之上；再次，从厨房入厅奉食，应步步高升，反之则有退财之虞。

厨房悬挂镜子的禁忌之一，就是镜子不能照到炉火。镜子若悬挂在炉子后面的墙上，而照到锅中的食物，伤害更大。此谓之"天门火"，会使住宅遭受火灾或不幸。另一方面，若是在进餐区悬挂镜子，映照桌上的食物，则有加倍家中财富的意义。

忌上方有厕所

煤气炉若位于上一层楼的厕所的下方，是很不吉利的，最好变换煤气炉的位置。如果无法改位，可装设向上照射的照明灯，化解煞气。煤气炉也不宜置于水塔下方，因为水会灭火，象征不能聚财。

忌卧室位于厨房上方

卧室如果位于厨房上方，火煞之气会过大，卧室之气场会过于燥热，使人容易脾气暴躁，对身体也会有不好的影响，还会对人的精神状态产生一定的负面影响。

可以在床铺下方，铺上黄色之地毯。

我们知道黄色属土，火生土，土可以泄火。借此泄掉火煞之气。以求化解。当然如果可以在地毯下方缝制36枚古钱效果更好。

忌两卧夹一厨

厨房切不可设在两个卧室之间，犯此忌，对居住两边卧室中的人不利。此是风水学之大忌，所以有必要在此进一步强调重申，希望您在安排住宅的时候，能引起足够的重视。

忌神桌背后为厨房

神桌背后为厨房，将会导致神明犹如坐在火炉上烤，神明就会坐不稳，神明坐不稳家运就会不稳。严重者会导致退神，家运渐退。建议在神桌和厨房间再隔出一道空间来作化解，或是另觅他处安置神桌。

厨房切忌完全封闭于屋中

厨房至少要有一面要对着空旷处（如阳台、天井、后院等），切忌封闭或在屋子中央。这种情形常见于事后自行加盖的房舍，原本在屋后的厨房，在后头加盖之后，变成在屋子中段，不但有碍卫生，更影响家运。

旺宅居家环境学

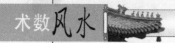
忌在厨房内放洗衣机洗衣物

有些人在安排卫生间的时候，把在卫生间中放不下的洗衣机移到厨房中，而平时为徒方便，便在厨房里洗涤衣服。其实这是不好的，因为古人认为厨房是灶君之所在，十分神圣，在其间洗涤不洁的衣物，会影响运气。如果您实在无法将洗衣机放在厨房以外的地方，那就请您在洗涤衣物时，辛苦一下，把洗衣机挪到厨房外使用吧。

忌厨房门对厕所门

厕所门对厨房门为风水学之大忌。厨房属火属阳，厕所属水属阴，水火相冲，厕所之秽气会直冲厨房内，影响饮食卫生，久之，会对人的身体产生不利影响。

可以在厕所门和厨房门挂上长布帘和五帝钱阻绝秽气流出，以求化解。布帘之长度以超过煤气炉面之高度和厕所马桶之高度为宜，布帘之材质以看不透之材质为宜，不可为蕾丝或是珠帘。

忌水沟穿宅

水沟位于宅内，甚至从宅内横穿而过，此会导致宅内气场不稳定。如果位于煤气炉下方影响更大。

建议马上将水沟改道以求彻底化解。如果暂时无法改道，建议您可以用36枚古钱平均安置于水沟上稳住气场。或是在水沟之出入口各安置一组五帝钱作化解。

忌楼梯冲煤气炉

楼梯下冲之气，直接冲到煤气炉，造成煤气炉之外围气场不稳，易导致人精神紧张，工作不专心等。

最彻底之化解方式就是将煤气炉移位。如果无法移位可以屏风做阻隔，如果无空间可以放置屏风，建议在楼梯口安置一组五帝钱来作化解。

忌门冲冰箱

冰箱冲门也不太好，因为正对门附近的空气流动性一般都较强，冰箱门在开关之间易导致气场的紊乱，也会使冰箱耗能增加，还不利于人的出入和物品的取放。

建议将冰箱移开或是在门槛处安置一组五帝钱并加挂长布帘作化解。

忌冰箱放于阳台上

将冰箱设置于开放之阳台上，是为不吉。且不说冰箱在风水学上为财库，此格为财库外露，更重要的是会给生活带来很多不便，甚至导致危险的发生。

将冰箱移到室内适当之位置上，这是唯一化解之方式。

厨房风水布局

门

厨房门不可与大门相对，厨房为一家财富所在，大门为理气的入口，是家人、朋友进出的地方。大门正对厨房门时，会使厨房对外一览无遗，财气尽露，而导致家庭财务困难。

厕所

厨房不可对厕所，厨房为烹调食物的地方，而厕所容易滋养细菌、污物。如果两者相对将会影响卫生，损害家人健康。

动线

厨房和餐厅的距离不宜太远，为了使视觉能有流贯性，走道部分不可弯弯曲曲，以直畅为佳。

炉灶

入厨房不可直接见炉灶，炉灶为一家三餐的餐饮来源，风水强调"食者、禄也"，也就是说炉灶是一家财富所在。炉灶忌风，因为风来、火容易熄灭，留不住财气。所以正对门口或是背对窗户皆不宜，否则容易导致财务困难。

厨房炉灶禁忌

炉灶忌在水槽和冰箱之间

炉灶不可置放在水槽和冰箱之间，双水夹火会不断有祸事发生。炉灶禁与冰箱对冲，忌正面对冲水龙头、洗菜盆，也忌安放水龙头、洗菜盆旁边。

炉灶忌背后无靠

炉灶忌背靠窗户，宜背后靠墙，不宜空旷，倘若背后是透明的玻璃亦不吉，因为象征家庭无依无靠。这正如古书所云："凡灶，忌窗光射之，主凶。"

炉灶忌在梁下

炉灶不可放在梁下，否则，家宅不安。如果无法改变炉位，可在梁上用红绳悬挂两支竹箫，化解煞气。炊具也不可冲到橱柜或桌子的尖角，或是正对楼梯。

炉灶忌在角落

煤气炉不要位于厨房的角落，以免使烹调者背对厨房入口。

炉灶避开西北方

炉灶若位于厨房的西北方，将会压制宅主的运势，千万不可。

炉灶忌低陷

有很多的设计使炉灶的位置低于台面，此为"财库低陷"，会有财运败退的影响。

请将台面之位置重新打平，这样就可以彻底化解此煞气。

炉灶忌靠卫生间墙面

炉灶靠卫生间墙面，因为卫生间墙面湿秽之气极大，会严重影响家人之健康。

最好将炉灶移位，如果没有办法移位，除厕所平常尽量保持干净干燥外，可在炉灶靠墙边安置一组五帝钱来作化解。

忌家设两灶

家中如果设两灶（煤气炉），这除会严重影响家人之团结外，还会使男性或女性遭致外遇等。请一定将其中一炉灶移除来作化解。

炉灶忌设于阳台

现今住宅，为了增加使用面积而将阳台外推，这会严重影响家运，如果将煤气炉摆于阳台上，其效应更大。更为不妙，这即不合乎风水之道，也不安全，因为一则会使家宅的气场变弱，二则

旺宅居家环境学

阳台的承重量是有限度的，万一坍塌可能导致严重的事故发生。

如果可以最好将煤气炉移入室内，不要摆于阳台上，如果一定要摆设于阳台上，暂时无法更改，建议可以先在阳台周边平均安置36枚古钱来稳住气场，并且一定要少放重物。

灶位忌门、路冲。否则，口舌是非多。

厨房勿紧临厕所的原因

中国风水把厨房当作是火的能量区，把浴厕当作是水的能量区。古来就不希望水火并临：一来会造成磁场爆冲，二来会影响整间房子的能量状态。

水和火事实上并非完全不能融合，只是必须在一定的条件下才行。像厕所和厨房这两种能量性质完全不同的房间，一个是聚集人体秽气的水区，一个是制作食物的火区，一旦紧临，轻则居住者肠胃会有问题，重则会有食道肠胃方面的致命重症。

再者，厨房紧临厕所，卫生上也有问题，尤其有愈来愈多的病毒出现（如肠病毒等），像这种水火并临的房子，建议还是不要选。

餐厅装饰风水

餐厅是家人和朋友在一起聚会、交谈和分享美味食物的社交区。"民以食为天"、"食色性也"，均说明进食的重要性，而且从风水的角度看，餐厅因是补充体能的所在，与户主的色相关系密切；餐厅也是财富的中心，丰盛的桌面明显地反映了财富量成倍地增长，象征着家庭金融的持续发展。布局成功的餐厅能产生愉悦的气氛，使用餐的人精神松弛，欣赏、喜爱食物并有彻底消化的时间，还会有益于用餐者的交流与家庭成员的和谐相处。

餐厅风水秘诀

俗话说，家和万事兴，餐厅风水是促进家庭成员和睦相处的关键。良好的餐厅风水不但可凝聚家庭成员的向心力，也有招财的作用。进餐在中国文化中是很重要的行为，全家人每天至少要共进一餐，感情才会融洽。

格局

就风水角度而言，餐厅和其他房间一样，格局要方正，不可有缺角或凸出的角落。长方形或正方形的格局最佳，也最容易装潢。

位置

餐厅与厨房共享一室，合二为一，非常不好。因为炒菜时积留的油烟气会影响用餐卫生。所以，餐厅最好位于客厅和厨房之间，位居住宅的中心位置。这样的布局可增进亲人间关系的合谐。餐厅切忌位于上一层楼的厕所的正下方，因为餐厅的好运会受到压制。

装潢

家庭的能量部分来自于进餐的食物。由于餐厅是进食的区域，所以跟家庭的财富大有关系。餐厅应采用亮色的装潢和明亮的照明，以增加火行的能量，蓄积阳气。在此处放置植物更可增强阳气和财富。

旺宅居家环境学

凶位

一进大门就见餐桌为不吉，可在餐厅间适当位置用屏风隔挡，也可调一板墙为间隔，以避大门之冲煞。餐厅应在住宅的中心位置，但不可直对前门或后门。还有一些格局上的问题也应避免。例如，如果是楼中楼设计，餐厅应位于楼上；餐厅左右两面墙的窗户不应正对，因为气会从一面窗进，而从另一面窗出，无法聚气，不利于住宅的气运。避免利用邻近厕所的空间当餐厅，如果难以避免，餐桌应尽量远离厕所。

最佳餐桌造型

餐桌的形状具有重要的风水意义。传统的中国饭桌大多以圆形为主，象征一家团圆。在风水学上来讲，三角形及有锐角的饭桌不宜选用，因为尖角具有杀伤力，对饮食健康有害。如果使用方形的餐桌，则应避免坐在桌角，以免被煞气冲到。

幸运数字

餐桌的座位数对家运也有影响。理论上，六、八、九都是属阳的幸运数字。虽然家中的用餐人数都是固定的，不过在宴客时可据以决定该请几位客人。

吉方

家中每位成员用餐时，都应朝向本命卦的四个吉方之一而坐。调整家中负责生计者的座位，让他朝生气方而坐。母亲则应朝延年方而坐，因为这代表家庭和乐。在学的子女最好朝向伏位，有发旺文昌运之效。家中长辈面对天医方而坐，则可长保健康。

镜子

在用餐区装设镜子，映照出餐桌上的食物，有使财富加倍的效果。这是家中唯一可以悬挂镜子映照食物的地方，其他诸如厨房是绝对不能挂镜子，因为会导致意外或火灾发生。

吉祥物

餐厅适合摆福禄寿三仙，象征财富、健康和长寿。此外，水果和食品的图画，也会带来好运。橘子代表富贵，桃子代表长寿和健康，石榴代表多子多孙。

餐具

中国人习惯用筷子和汤匙进食，避免使用尖锐的刀叉，防止冲煞。碗盘通常也有龙、蝙蝠或桃子等吉祥物做为装饰。中国人饭后喜欢喝茶，去除油腻。

餐桌颜色

餐桌是一家人共同吃饭之处，所以它的吉凶衰旺对家宅风水影响很大。餐桌颜色应以选择有生命力的颜色为主，以便刺激食欲，但纯黑色与纯白色为不宜。

餐桌礼丁

进餐时发生口角是既不礼貌又触霉头的事。用餐时间是一家人欢聚的时刻，家庭和乐，家运才会昌旺。如有长者一同进餐，一定要请长辈先用，这不但是礼貌，也有福佑晚辈的意义。

餐厅布局宜忌

餐厅的位置

民以食为天，餐厅位置的设置，在家庭中占有重要的地位。

餐厅的位置应该选择采光、明亮、平静为佳，最好能够设置在住宅的东部。因东部在风水上属吉祥之位，东方属木，这个方位向着太阳，朝气蓬勃，充满生机，有利于健康。在此进餐能纳入新鲜空气与吉祥之气。

其次住宅东南方与南方，属木、火之地，阳气旺盛，利于健康，可使心情愉悦。心情好自然食欲旺盛，又有阳光紫气纳入，这个方位是进餐与吉祥的方位，在这个方位进餐，人财两旺，家道昌盛。

住宅北方和西方不宜设餐厅，因西、北方为阴寒之地，常受西北寒气所侵，古人认为，东南阳暖之气养人，西北阴寒之气伤人，故长期受此影响，不利健康与运程，另外阴寒之地易使心情产生沉闷消极之感，缺少生机活力，自然不旺食欲。

除以上所述固定方位外，最好还是从更专业的风水布局上来安置餐厅，这就需要现场罗盘定向，定出吉凶星分布所在，餐厅宜安置在吉星上。

餐厅的宜忌

餐厅讲究方便进食，与厨房相近最佳，但餐厅与厨房忌混用，因为厨房油烟多，污染之气会传播到餐厅，家人与进食者受到健康方面的损害。

餐厅也不可与客厅同居中，餐厅的餐桌常有残渣余气会污染了客厅的贵气。

餐厅要整洁卫生，餐厅的布置要简单、洁净，千万不能杂乱或摆设太多装饰品。毕竟唯有浸溶于温谧的心绪，不受外物干扰，才能愉悦用餐。餐厅的构造将会影响到家人的健康，因此不仅要注意餐厅内的格局及摆设布置，尤其需注意保持空气的流畅及清洁卫生。

餐厅宜明亮，以便于胃口舒畅，忌昏暗无光，昏暗无光的情况下进食，会给人产生一种压抑和不安的感觉，日子久了会对家人的精神健康造成不利影响。

餐厅墙壁的颜色宜淡雅一些，不宜浓烈深重，最好不要用阴冷的颜色。

餐厅的头顶的照明灯不要太刺眼，最好是柔和明亮的灯光，柔光能营造良好的进餐氛围。餐桌正上方不可设大吊灯，会令人感受到压抑而且容易掉落，对下面进餐的人有危险，不吉之象。

餐厅四周的装饰——绘画或立体装饰物，比如可以摆放一些水晶杯或玻璃瓶或银色烛台镏金像，立体装饰要明朗以达到赏心悦目的功效。

餐厅宜方正或圆形皆可，不要用三角形或多边形；方正，意为方方正正，主四面八方都周到齐全，有利于气场流畅，圆桌能把一家人拉拢到一起，方便一家人坐在一起闲聊，喻家庭美满幸福。

餐厅忌直冲门路，如直冲门路，易泄宅气，又空易被外面的污气侵染食欲。

餐桌位置禁忌

我们每一日都要进食，有些比较随意的家庭，尤其是单身独居的男女，在家中哪一个位置进食，都没有什么约束，要吃便吃，要睡便睡，有时坐在床上吃，吃饱倒头就睡，无拘无束。不过，若家中人口较多，结构比较完整，都会设有餐桌，于进食时，大家都是端端正正的坐在餐桌前，好好地吃。这张餐桌，如果家宅面积较大，可以长期张开，如果家庭面积比较小，就使用折叠桌，进食时才张开来，进食后就收起它。

但无论如何，餐桌的位置，却有一些重点必须注意，我们可

以将之分为五大忌。

忌气浊多杂物

首先，餐桌所在的位置，应是清洁而少杂物的，因为进食之处，其气宜清不宜浊，多杂物则多浊气，对于饮食健康不利。在一个如杂物太多的环境中摆餐桌，就是摆错了风水。

忌把餐桌放在厨房内

有一些比较西化的家庭，喜欢把餐桌设在厨房内，这边烧好菜，那边就吃菜，非常方便，没有太长的运送食物的运程。但是，这却是摆错风水，因为厨房为处理膳食的地方，无论如何小心，都带有秽气，而且炉灶属火，经常燃烧，故温度亦较高，身处其中，会受到不良的影响，就是利用温度计测不出什么，但依风水而论，其气已受到熏染，而不利于饮食，故不适合设置餐桌。

忌对厕所

餐桌为进食的地方，厕所是秽气和阴气聚集的地方，所以不能对厕所，餐桌放在对面，不仅影响食欲，也妨碍健康；所以，餐桌如果刚刚摆在厕所之外，应赶紧移开。

忌被横梁所压

餐桌上方不宜有横梁，这会造成横梁压顶的凶象，对于经常使用这餐桌的人士之健康不利，亦不能有效吸收食物的营养。

忌对大门

要吃得安宁，餐桌所在之处，应该气流安定，安定则利于进食，若气流强烈常动，亦有损健康，因此，餐桌不宜设于正对着门口的位置，也不适合摆放在信道上，人来人往，气流不定，是为凶象。

另外，还要注意在放好餐桌后，其坐椅不宜被"灯"压着，因为当有人坐着时，变成灯压头之势，心有不安。餐桌也不能被大门冲，大门是纳气的地方，气流较强。若真的无法避免，可利用屏风挡住。

餐桌形状宜忌

家居风水之中，餐桌是维系一家人感情的工具之一，千万不要看轻其功用。所以其形式也应注意。

从最主要的方面而论，餐桌可分为"形"与"质"两大项。"形"是指餐桌的形状，"质"是指餐桌所用的质料。

以"形"的方面来说：

圆形

圆形的餐桌最适合一般家庭使用，因其有一团和气之效，而且更象征着彼此没有身份高低的界限。一家人互相容易沟通和交流。

长方形

长方形的餐桌多是被富有或较严谨的家庭使用，又或会因宅内餐厅面积所限制而使用。不管是什么原因，用长方形餐桌的家庭，是很容易有主客之分，亦即是说一家之主的地位会较为突出和明显。在情感的沟通和交流方面，亦会很容易出现一种指导或命令式的现象。

正方形

正方形的餐桌一般很少人采用，有的或会是因有别的其他特

别用途而合并为一，例如：麻将台与餐桌并用。用正方形餐桌的家庭，各成员会很容易产生一种对立和勾心斗角的冲突，而且还会有各行其事和各怀鬼胎的现象。况且，正方形只能容纳四个人，这又会带来一种冷清和孤寡的感觉。

椭圆形

使用椭圆形餐桌的家庭，家中的成员会很容易组合派别或分裂而形成一股相争的力量。最好忌用，尤其是大家庭。

多边形或不等边形

这只会出现于某些特别迁就宅内面积而使用的，也可以说是极为罕见，用此类形状的餐桌的家庭，多会有飘忽不定的事情，家中各人亦会聚散不定和不团结，甚至容易有精神疾患的情况。

至于质方面，最好是请教风水师。因为质料是辅助形状的，所以，在风水学上，餐桌是先论形，后论质，再论颜色。

最后，餐桌的配椅，最好是用双数，忌用单数。

第十章 浴厨装饰风水

卫浴间是家居中最隐秘的一个地方，精心对待卫浴间，就是精心捍卫自己和家人的健康与舒适。卫浴间和厨房的地位一样重要，虽然二者的功能正好相反；有些人把卫浴间当成家里一个不起眼的角落，其实不然，卫生间不能小觑！它与我们的健康休戚相关，卫生间的陈设是否科学合理，标志着你生活质量的高下，卫浴间的档次是衡量一套住宅档次高低的重要标准之一。想要有一个真正舒适的卫生间，就必须重视卫浴间的装饰风水。

卫浴间风水宜忌

现代的房屋设计，绝大部分是把厕所与浴室相联一起，故此现在便把这两者全并在一起谈谈。传统的风水学理论，对厕所浴室的吉凶宜忌，除了指出要压在凶方之外，其它却很少提及，因而产生了不少附会的说法。到底厕所浴室有哪些需要注意的地方呢？

卫浴间不宜开在西南或东北方

厕所浴室重在来水和去水，水气甚重，倘若开在西南或东北两个气当旺的方位，会有"土克水"的毛病发生，不吉利，尤其

161

是家人健康会受损。这是由八卦的卦相决定的，东北方为艮卦，西南方为坤卦，其性皆属土，而卫浴间的卦相为水；将属水的卫浴间设在属土的艮方和坤方，就会发生土克水的不利之相，因此定其为大凶。

镜和门所占的墙不可在南方，洗手盆、洒水壶和水盆宜放在北方、东方或东北方。污衣篮则最好放在西北方，而厕盆可置于南方。

卫浴间不宜开在南方

卫浴间不宜设在套宅的南方，其实这是和八卦方位有关的。南方为离卦，五行属火；而卫浴间五行属水。将属水的卫浴间设在属火的南方，则是水克制了火地，如同人的八字冲克流年太岁，所以是不吉的。

卫浴间地点宜隐蔽

因为卫浴间被认为是较为不洁及隐私的地方，所以不宜太瞩目。厕所门不宜对正大门，两者成一直线，这样非但有碍观瞻，而且有违风水之道。风水学认为这样会导致疾病丛生，尤其是患恶性的肿瘤。即使厕所并不是正对大门，也不宜在大门旁，总之不宜位于瞩目之处。

卫浴间不宜改为睡房

现代都市地狭人稠，寸土如金，往往有些家庭为了节省空间，便把其中一间卫浴间改作睡房，藉以多挤些人口，但这样却违反了风水之道；而且严格来说，亦不符合环境卫生。在风水学来说，卫浴间是被视为不洁之地，是应该开在凶方来镇压住凶星的，所以睡房邻近卫浴间已是不太适宜，更何况是把卫浴间改作睡房；而从环境卫生来说也不适宜，因为虽然把自己那层楼的卫浴间改作睡房，但楼上楼下去并不如此。如此一来，自己那层的睡房便被上下层卫浴间夹在中间，相当难堪。此外，楼上的卫浴间若有污水渗漏，睡在其下的人便会首当其冲，根本不符合环境卫生之道。

卫浴间的地面忌高于卧室

有些朋友在装潢卫生间的时候，喜欢在卫生间里砌一个盆台，盆台高出地面一两个台阶，然后将浴盆嵌在盆台里，这样的格局虽然非常漂亮，但最好不要在卧室所套的卫生间里采用这种格局，因为根据中国传统风水学的原理，卫生间的地面不能高于卧室的地面，尤其是浴盆的位置不能有一种高高在上的感觉，五行学说认为，水是向下流的，属润下格，长期住在被水"滋润"的卧室里，容易发生内分泌系统的疾病。如果非常喜欢这样的嵌入式浴盆，可以将它安置在另一间离开卧室较远的卫生间内。

卫浴间不可设在走廊的尽头

如果住宅里有较长的走廊，就要注意走廊和浴室的关系，浴

旺宅居家环境学

厕只宜设在走廊的边上，而不可设在走廊的尽头，这是室内路冲煞的一种，浴厕被走廊直冲是大凶之象，因为从卫生间溢出的湿气和秽气，会顺着走廊扩散到相邻的房间，对家人健康极其有害。

卫浴间忌红色

由于卫生间是属水之地，所以卫生间的颜色也大有讲究，最好能够选择属金的白色及属水的黑色和蓝色，既能突出卫生间的氛围，也能产生静谧的感觉，利于用厕者的思绪放松。而如果用上诸如大红色等刺眼的色彩，则易产生水火对攻的局面，令如厕者产生烦躁的心理，十分不妥。

卫浴间应常保持清洁

卫浴间正如风水古籍所谓"出秽"的地方，故此应该十分注意清洁卫生，否则便容易滋生病菌。

卫浴间应该保持空气流通

卫浴间单是保持清洁是不够的，厕所浴室应该时常空气流通，让外边清新的空气流入，吹散厕所内的污浊空气。所以厕所内的窗或气窗便要时常打开，以便多吸纳些清新空气。

卫生间不可在房子的文昌位

会污秽文昌，并且卫生间门不可对着书桌。家中如有保险柜，则不可被卫生间门冲。

卫浴间的门不可冲床铺，不可对厨房门，不可对着书桌。

卫浴间不可在神位后面，也不可在神位楼上的房间。

卫浴间宜多摆放室内植物，或天然香料。

卫生间位置禁忌

卧室、餐厅、卫生间则是人类产生快感的三大场所，对于一个勤于思索的人来说，自古马上、枕上、厕上也是产生灵感的三大地方，因此，对于卫生间这个既能产生灵感又能产生快感之地，其重要性是绝不能忽略的。

判断一套住宅的优劣，作为给排水集中的和代表主人健康的元素，卫生间是极为重要的指标，因此卫生间的位置非常讲究。

卫生间不宜在房屋的中心，风水口诀云：水火不留十字线，意指厨、厕不可置于住宅的四正线和四隅线上，特别是住宅的中部，因为房屋的中部是住宅的重心，恰如人的心脏，极为重要，中心受污，有碍观瞻，并且秽气极易对流到其他房间，居住其中天天吸入大量秽气，易得疾病。而且位于住宅中央的卫生间，必然采光不佳，加上卫生间原本就是水多之地，潮湿的空气闷在室内，易滋生细菌，对健康当然不利。厨房和卫生间共同设在住宅的中央，属于双重不利，因为厨房在五行中属于"孤阳燥火"，卫生间

旺宅居家环境学

属于"独阴浊水"，两者合为一体存在与宅心，不但不能组成阴阳和合，反而成为水火相冲的局面，易导致宅运反复，钱财聚散无常。

卫生间位置应尽可能隐蔽，不能直对大门，大门对着卫生间门，易导致财帛不聚。

卫生间不可设在走廊的尽头，这在风水学上是大凶之兆，因为从卫生间溢出的湿气和秽气，会顺着走廊扩散到相邻的房间，自然不卫生，所以卫生间应设在走廊两旁，且卫生间内最好有窗。

卫生间门与厨房门应注意，不可正对，卫生间与厨房一水一火，两门相对，是水火不容的败局。如果家中供有神位，则卫生间不可在神位后面，也不可以在神位楼上的房间，以免亵渎神灵。

卫生间不可在房子的文昌位，会污秽文昌，并且卫生间门不可对着书桌。家中如有保险柜，则不可被卫生间门冲到。

卫浴间马桶安装要点

马桶的方向不可和套宅的方向一致

根据中国传统风水学的原理，马桶的方向不可和套宅的方向一致。比如套宅大门的方向朝南，那么当人坐在马桶上的时候，如果面也向着南方，就是犯了马桶与套宅同向的忌讳，据说宜导致家人生疔长疮，因此应该是能免则免。

马桶不可在四正线和四隅线上

马桶不能与大门同向，因为财秽二气共进退，这是一种典型的退财格局。也不要和卫生间门相向，即蹲在桶上正好对着门，既不雅观且退财，马桶坐向最好是和卫生间门错开。马桶不可明冲床位，暗冲灶位。在方向上，最重要的一点是马桶不宜坐北朝南，避免形成水火对攻的局面。也不宜在四正线和四隅线上，即子午卯酉，乾坤艮巽线上。

　　如果卫浴间较大，则可将马桶安排在浴室门处望不到的位置，隐于矮墙，屏风或布帘之后，当然还要确保从任何镜子上都看不见它。平时应该尽量把马桶盖闭合，不让悔气散出。

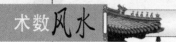
第十一章　综合家饰风水

如何通过装饰和布置的手法，将家居风水布置旺相豪华，以助人事之成功？由于各地的地理、文化、气候的差异，富贵家居风水布局的手法有很多不同，它并不是很多人以为的是通过豪华装修以及名贵家具堆砌出的富贵效果。真正富贵之家的风水布局，是在于一个家居环境风水元素的完美整合。普通家居也可以通过旺山旺向的定格之后，通过方位的挪移，植物的摆设，颜色的搭配，家具的组合，来营造出一种富贵催人的气场，令家居充满生机。

家饰的五大通用风水原则

色彩的常用原则

如果家中全部是深蓝色，时间久了，家中会无形中产生阴气沉沉，个个生性消极，家内也欠平安。

家中油漆紫色多者，虽然可说是紫气满室香，可惜紫色中所代有的红色系列，无形中发出刺眼的色感，易使居家的人心有一种无奈感觉。

家中漆粉红色者，最为大凶之色，粉红色易使人心情暴躁，易发生口角，使是非、吵架之事频繁；尤其新婚夫妇，为了调节闺中气氛，在普通人眼中看来是极有罗曼蒂克的，但是，随着色调的不调和，过一段时间後，两人心情会产生莫名其妙的心火，容易为芝麻小事吵不完，最后走上离婚不归路，今日的社会离婚率这么惊人，此因素占了很大一部分，所以，设计师们应该注意，最好不用此色，此种色调也会造成神经病。

家中漆绿色多者，也是会使居家者意志日渐消沉，并非一般所说的，眼睛应多接绿色。事实上，绿色是指大自然之绿色，而非人为之调配绿色；所以，难免会造成室内死气沉沉，没有生气蓬勃。

家中红色多者，中国人总是认为红色是吉祥色，但韩国习俗死人家中用红色布代表，这些都只是人的生活习俗而已，但是红色系列多者，使人眼睛之负担过重，而且使人的心情容易暴躁，所以，红色只可做为搭配之少部份色调，不可做为主题之色调，但是佛寺庙宇则与住家不同。

家中之颜色最佳为乳白色，象牙色，白色，这三种颜色与人之视觉神经最适合，因为太阳光是白色系列，代表光明，人的心。眼也须要光明来调和，而且家中白色系列最好配置家俱，白色系列也是代表希望。

家中漆黄多者，心情闷忧，烦热不安，有一种说不出来得的惊、忧感觉，因此使人的脑神经意识充满着多层幻觉，有的神经病者最忌此色。

橘红色多者，虽然是充满生气勃勃，很有温暖的感觉，但是过多的橘色，也会使人心生厌烦的感觉。

生理学家们已有研究，房间的色彩能直接影响到人体的正常生理功能。比如房间的颜色能影响人们的视力。据研究，在各种颜色中以青色或绿色对眼睛最为有益。房间的颜色对食欲也有很大关系，黄色和橙黄色可以刺激胃口，能增进人的食欲。房间的颜色则会影响人的睡眠。一般说来，紫色有利于人们镇静、安定，

能使人尽快进入梦乡。

家具的常用原则

卧室家具的陈设应沿墙摆放，并要有利于采光和通风。使用不散发有害物质的天然家具对健康有益，如原木系列不上漆，仅以天然蜡抛光，既保留了天然纹理又不污染环境；科技木家具、高纤板家具、纸家具系列，不含损害人体的有毒成分；未经漂染的牛、羊、猪等皮张制作的家具以及藤类、竹类等天然材料制作的家具，能帮助我们回归自然，有益健康。

客厅的常用原则

客厅应设在住家的最前方：进入大门后首先应看见客厅，而卧房、厨房以及其他空间应设在房子后方。空间运用配置颠倒，误将客厅设置在后方，会造成退财格局，容易使财运走下坡。

住家旺位在大门的斜对角：住家旺位通常是在客厅，其主要条件为清静、安定，不可以是通道的动线，一般而言旺位是在进入客厅门口的斜对角。既然旺位多出现于大门斜对角，所以不宜悬挂镜子，因为镜子有反射的效果，容易阻碍家人的运势；使财运不济、机会流失。旺位应放置可助长运势的吉祥物，最好的方法是种植具有生命力的宽叶绿色植物。

客厅不宜阴暗：客厅风水首重光线充足，所以阳台上尽量避免摆放太多浓密的盆栽，以免遮档光线。明亮的客厅能带来家运旺盛，所以客厅壁面也不宜选择太暗的色调。

卧室的常用原则

睡床或床头不宜对正房门：睡觉时最讲求安全、安静和稳定，房门是进出房间必经之所，因此房门不可对正睡床或床头。否则睡床上的人容易缺乏安全感，并且有损健康。

床头不可紧贴窗口：窗户为理气进出之所，所以床头贴近窗口容易犯冲。在睡床上的人因看不见头上的窗口，容易缺乏安全感，造成精神紧张，影响健康。

床头不可在横梁下：天花板宜平坦，忌有横梁。横梁在心理上容易产生重体的感觉，尤其人睡在横梁之下会感受到莫大的压力，造成精神上的压迫，影响健康、事业。

床头忌讳不靠墙壁：人平躺时不容易看见头顶上，所以床头宜靠墙、避免露空，而减少安全感。否则睡在床上的人，容易精神恍惚、疑神疑鬼，影响健康、事业。

厨房的常用原则

厨房不可对厕所：厨房为烹调食物的地方，而厕所容易滋养细菌、污物，如果两者相对将会影响卫生，损害家人健康。

炉灶后方不宜空旷：炉灶后方不宜空旷，空旷容易招风，使火苗不易稳定，影响财运，尤其忌讳炉灶后方有窗户。

炉灶不可放置在横梁下：一般而言室内空间都忌讳横梁压顶，炉灶上也不例外。横梁压制炉灶主要影响家人的健康，尤其是主掌烹饪的家中妇女。

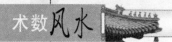

　　炉灶不可直接与水槽相邻：炉灶生火用于烹饪、水槽用于蓄水、洗碗，两者不宜相连，中间应有料理台隔开，以免水火相冲。

　　厨房地面、壁面宜铺设磁砖：大片磁砖接缝少，表面容易清理，不易滋生病霉菌，符合卫生健康。

　　厨房宜保持空气清爽：厨房烹饪时容易产生废气、油烟，最好的方法是装设抽油烟机，以保持空气清爽。

　　"好风水以德求之"，好风水别人住可以，自己去住未必就可以，因为人与人不同，同样一处房子，他住就进财，你住就破财，房子必须要和自己的生日八字命理结合，看看你需要什么样的房子，需要什么样的改动，这样才有效果。

家饰增加财运的方法

　　风水上有"财位"之说，在所有的风水布局摆设当中，最多人关心的莫过于"财位"。当然是希望能增加财运。事实上，一个人的财富多寡是与福报成正比，有福之人自然能运用风水上的一些小技巧，来增加财运，提升生活的品质。一般来说，人们通过后天人为的努力以及家居风水的调整，能够改善或增加一些财运。

现在将有关影响财运的阳宅风水列述于下：风水学之财位有"象征性财位"与"实质性财位"之分。象征性财位是属于"明财位"，即一般大众所说的入门的左边或右边对角线的位置。该位置最好不要是走道通路，最好能形成一个角落聚财之象，然后在该位置摆放一些吉祥物，就有增加财源的机会。适当的装饰摆设，也能增加客厅的气场。

财位可摆放的吉祥物如花瓶、珍玩、财神、元宝、宝瓶、三羊开泰图、山水图、鹿群（向内代表进禄）、如意、蟾蜍、金钱豹、麒麟（一对向内）、水晶、聚宝盆、百字明咒、菠萝、柚子、桔子、古钱、盆栽、花艺、发财树、富贵竹、鸡血石、丰收图、年年如意图，本命三合生肖陶艺品、檀香、水晶阵、福禄寿三仙、土地公等，可依各人喜好摆置；目的不外乎是藉助吉祥物的暗示，来增加福泽。

阳宅风水有明财位，当然也有暗财位，暗财位乃是实质性的财位。其求法是要依房子的座向来决定，依八宅紫白飞星，取生旺方即是。

坎宅（坐北向南），财位在西南方、正北方；

离宅（坐南向北），财位在东北方与正南方；

震宅（坐东向西），财位在正东方、正北方；

兑宅（坐西向东），财位在正南方、西北方、东南方；

巽宅（坐东南向西北），财位在西南方、东南方；

乾宅（坐西北朝东南），财位在正西方、西北方、正北方；

坤宅（坐西南朝东北），财位在正东方、西南方；

艮宅（坐东北朝西南），财位在西北方、东北方。

如果大门正好是在暗财位，则财源较多；亦可在财位摆放音

旺宅居家环境学

响、钢琴、推动财星，增加财源。

一般来说财位的位置，不宜摆放海浪图，因为它象征财运起伏太大；也不宜悬挂大瀑布图，它也象征财来财去，落差极大。住宅财位摆放尖叶植物及有刺的植栽或者水局皆不吉，因为尖叶植物及有刺的植栽或水晶洞，皆象征进财坎坷艰辛。

若住宅中悬挂山水图，图的水流不能朝向宅外，水的流向也不能与住宅的坐向相同；否则，是为顺水局不吉，为泄财象；如水的流向与宅向相对，即为逆水局，大体上来说是属吉；如水的流向与宅向平行，则为平水局，一般而言，左来右往较吉，严格而言，财要配合其流向。

至于宅内水景，一般人喜欢在宅内摆放鱼缸、水库、石（时）来运转等物品，来进行催财与装饰。因为水为至柔至刚，有化气转气的效果，一般而言，水景物品应该是放在衰气方，因为水可以化衰气并将之转化为吉气。

例如：以三元七运当值，如衰气方应是在东方，东南方与西南方。那么，在此三方位摆放水景，则会有催财之效。但是一定应注意水质，水太浊，则象征财源不当，为是非财；同时也应注意水之流向，宜向内，不可向外；并且还要注意水景饰品摆放的角度，如摆放不当，则会有桃花绯闻事情发生，因水主生财也主桃花，宜谨慎选用放置为宜。水能载舟，亦能覆舟。同理，钱财能给人快乐也可能带给人痛苦，所以在家居中进行摧财布置时一定要慎思而后行。

财位布置宜忌

旺宅布局的作用，最重要的莫过于达到两方面的要求：第一求身体健康；第二求财源广。

"财位"的位置所在，即旺气最能停留聚集之处，有三种说法。一是认为在大门的斜对角位；二是认为在住宅的"生气、延年、天医、伏位"；三是用紫白飞星来定。找出财位后，首要检视财位是否明净，且需能聚气最佳，如此才有利于招财摆设及布局。阳宅招财首重客厅，以形象而言，客厅如财库，次重工作室，若住宅财位与上述重迭最佳，有锦上添花之象。

　　那么在布置财位时，有什么讲究吗？具体而言有以下注意事项：

财位忌无靠

　　财位背后最好是坚硬的两面墙，因为象征有"靠山可倚，无后顾之忧"，这样才可藏风聚气。反过来说倘若财位背后是透明玻璃窗，这不但难以聚积财富，而且容易泄气，会有破财之灾。

财位应聚气

　　财位处不宜是走道或开门，并且财位上不宜有开放式窗户，开窗会导致室内财气外散。若有窗户可用窗帘遮盖或者封窗，财位才不致漏财。财位要尽理避免通透的格局，否则，也难形成一个良好的财位。

财位忌凌乱扰动

　　如果财位长期凌乱并且扰动，则很难稳固正财。所以财位上放置的物品一定要整齐，更不可放置经常振动的物品，如不可放

置经常振动的各类电视音响等。

财位忌受污

财位应该保持清洁，倘若厕所、浴室处在财位上或杂物放在财位上，这就会玷污财位，令财运大打折扣，不但使财位不能招财，反而会令财位压力重重，这样会对家宅的财运有百无一利。

财位忌冲射

风水学最忌尖角冲射，故此财位附近不宜有尖角，或用东西遮挡住，以免影响财运。

财位不可受压

财位受压会导致收入无法增长，倘若将沉重的衣柜，书柜或组合柜等等放在财位令财位压力过重，那便会对家宅的财运不利。

财位不宜暗

财位明亮则家宅生气勃勃，因此财位如有阳光或灯光照射，对生旺财气大有帮助；如果财位昏暗，则有拒绝财运之虑，需在此处安装长明灯来化解。

财位宜坐

财位是一个家庭财气所聚的方位，故此应该加以利用，例如把沙发放在财位，当一家大小坐在那里休息谈天时，可以多沾染其中的财气，便自然会家肥屋阔。此外，倘若把饭桌摆在财位亦甚适宜，因为这会令全家人均受益。

财位宜卧

人约三分之一的时间用在睡眠上，故此睡床方位的吉凶对运程有很大的影响。倘若睡床摆在财位，日夕在那里躺卧，日积月累，自然会对财运有很大的益处。有些人误以为睡床是沉重的家具，可能会压损财位，故此不敢把床摆放在那里，其实是浪费了财位。

财位宜放吉祥物

财位是旺气凝集的所在地，若在那里摆放一些寓意吉祥的招财对象，摆放一些寓意吉祥的对象，如福、禄、寿三星，财神、元宝、聚宝盆等。可依各人喜好摆放。这会有锦上添花的作用。

一般在财位，不宜摆放海浪图，象征财运起伏太大。大瀑布图，也象征财来财去，落差太大。山水图水流向宅外，是为顺水尔不吉。尖叶植物及有刺的盆栽或水也不吉。皆象征进财坎坷艰辛。

财位忌水

有些人喜欢把鱼缸摆放在财位，其实这并非适宜，因为这无异于是把财神推落水缸变成了"见财化水"了！财位忌水，故此不宜在那里摆放用水培养的植物。

财位植物要讲究

财位宜摆放生机茂盛的植物，不断生长，可令家中财气持续旺盛，运势更佳。因此在财位摆放常绿植物，龙其是以叶大或叶厚叶圆的黄金葛、橡胶树、金钱树及巴西铁树等最为适宜，但要留意，这些植物应该用泥土来种植，不能以水培养。财位不宜种植有刺的仙人掌类植物，因为此类植物是用来化煞的，如不明就里，则弄巧成拙，反而会对财位造成伤害。而藤类植物由于形状过于曲折，最好也不放在财位上。

同时还应注意财位忌红色系太重，这样赚钱会很辛苦。财位忌黑色系太重，这样财守不牢。如果财位在门口处，一出门即见楼梯往下，则容易泄财。如果财位处出现以上状况，即表示此位不利招财，非理想之财位。

民间财神

在中国传统民间文化中，认为财神是掌管天下财富的神灵，倘若得到他的保佑眷顾，肯定财源广进，家肥屋阔。因此很多人为求取财富，往往会摆放财神像在家里，希望求取好兆头，而有些人更是朝夕上香供奉。但很多人均有同一疑问，便是民间流传的财神有很多种类，到底哪一种才适合自己摆放或是供奉呢？别急，听我说，民间流传的财神虽然很多，但大致可分为文财神和武财神两种。

文财神

文财神有财帛星君、福禄寿三星、公正无私的比干丞相以及生财有道的智慧财神范蠡、沈万三。一般来说尚文的人敬奉文财神，以及受雇打工的人比较适宜摆放。文财神的摆放应面向自己屋内。

财帛星君：他的外形很富态，是一个面白长髭的长者，身穿锦衣系玉带，左手捧着一只金元宝，右手拿着上写"招财进宝"的卷轴，面似富家翁。相传他是天上的太白金星，属于金神，他在天上的职衔是"都天致富财帛星君"，专管天下的金银财帛。所以，很多求财的人，对他都非常尊敬，有些甚至日夜上香供奉。

福禄寿三星："福星"手抱小儿，象征有子万事足的福气。"禄星"身穿华贵朝服，手抱玉如意，象征加官进爵，增财添禄。"寿星"手捧寿桃，面露幸福祥和的笑容，象征安康长寿。福禄寿三星中，本来只有"禄星"才是财神；但因为三星通常是三位一体，故此福、寿二星也因而被人一起视为财神供奉了。倘若把福、禄、寿三星摆放在财位内，有这三星拱照，满堂吉庆，撇开风水不谈，单是视觉上及心理上也会觉得十分舒服的。

文财神比干：传说比干为商朝忠，天帝怜其忠贞，因无心而不偏私，姜子牙封他为"财神"。又因为比干是一位文臣，所以也被称为文财神。

智慧财神范蠡：一生艰苦创业，积金数万；善于经营，善于理财，又能广散钱财，所以称其为文财神就理所当然了。

担任文职的，以及受雇打工的人均宜摆放或供奉文财神；至于那些经商做老板，以及当兵当差从事武职的人，则应该摆放或供奉武财神。

武财神

武财神有二，一是黑口黑面的赵公明，一是红面长髯的关公。

1. **赵公明**：又名赵玄，是一位威风凛凛的猛将，赵公明这位武财神，民间相传他能够伏妖降魔，而且又可招财利市，迎祥纳福，所以北方很多商户均喜欢把它供奉在店铺中，而在南方的商户则大多供奉关公。

2. **关公**：关公原名关羽，字云长，是三国时代的名将。形象威武，他不但忠勇感人，而且能招财进宝，护财避邪。

有一点必须注意，摆放文财神以及武财神的方向有异，必须分清楚！满面祥和的文财神，不论是财帛星君、比干、范蠡或是福禄寿三星均应向着自己屋内，而不应向着屋外。否则便会向屋外送财！至于威风凛凛的武财神则应面向屋外，或是面向大门，这样一方面既可招财入屋，同时又可镇守门户，不让外邪入侵。

神佛摆放座向

中国人一直是崇拜多神的民族，信仰自由，所以各式各样的神均有人信奉膜拜。仍然有很多人保持传统的习俗，在家中摆放神桌，朝夕虔诚上香。

依照习俗，摆放神桌有些宜忌需要注意：

一般住居皆设有神案桌，当然世俗的供佛行为用于保障生命财产安全，佛祖的圣像请回家供奉早晚拜拜，可以保平安。但是，各位应该知道佛像请回家以后的诸多事情，到底该如何安放才可保平安呢？

佛像请回家千万不可以当贵重古董看待，而锁在保险柜内，这是最不恭敬的。否则会使家里大小不平安心。

佛像的质材不必计较，只以庄严为原则。

佛像的安放处不要在房间卧室内，以免影响休息。

佛像不要一见到就买或请回家，佛像越多。

佛像不要随便丢弃于不洁净的地方。

佛像带在身上的，可以一同去厕所方便。

佛像老旧不要的应请到寺庙，或用金纸一同烧化，可在初一、十五奉送回归本位。

佛像放在车上应面向前看前方。

佛像不要随便放在佛桌内抽屉中。

小佛像如要放在佛堂桌上应用小盘子垫红纸。

佛像或保身符挂像不要乱丢弃卧室内。

佛像纸类挂图，千万不可卷起来，否则会引发你的头痛。

佛像如有损坏破裂，应该用金纸选择一、三、五、七、九日中在日光下烧化（用水果更佳），送他们归回本位。

佛像的眼神、手指如有损坏应该及时修补重画，否则不但有碍观瞻也有对神不敬之意。若一时不便修补，可用红纸先把损坏处贴起来。

祖先不宜与天神平排

有些人家把祖先的牌位照片摆放在神桌上，与观音、关帝、等平排，放在一起供奉。其实这并不适宜，因为祖先只是家神，与这些天神自难相提并论，我认为应该把祖先放在"天神"之下，那便较为适宜！总括而言，一切形式只为了形式，心有舍得何拘于形式。人们要心安理得，倘若作奸犯科，作伤天害理之事，那么即使拜尽天下神仙，亦始终心中有愧，根本于事无补的！倘若行善积福，即使不拜神像，神灵自在，亦可心安理得，妖邪自会退避三舍。

常用的家饰风水吉祥物

吉祥物有的"音吉祥"，如葫芦音为"护禄"；有的"形吉祥"，如富贵竹，节节高升，有的所代表的"意义吉祥"，如麒麟，蝙蝠，古钱币，喜字，文昌塔，马上封等。下面把民间常用的一些吉祥物分类列举如下：

平安吉祥物

1. 古钱

古钱摆放在家中有招财的作用，而佩戴在身上则有利自己的运程及自身平安。一般常用的古钱是"五帝古钱"。"五帝"是指五个清朝最兴旺的皇帝年号"顺治"、"康熙"、"雍正"、"乾隆"、"嘉庆"。

大铜钱：性质为化煞挡灾，出入平安，用法有三，一是放在门口地上，用以对付开门见楼梯或见电梯之开阖；二是放在大门右侧，以黄线串上挂起，可防家中女性口舌过重，凡家中有女性嘈吵均可挂之；三是将两个铜钱放在枕头底下，可保夫妻关系良好。

五帝钱：五帝钱是指清朝顺治、康熙、雍正、乾隆、嘉庆五个皇帝的铜钱，由于五帝钱全部都是古钱，而古钱曾遭千万人使用过，令古钱沾上了千万人的能量"磁场"，于是便可挡煞、避邪。把五帝钱放在门槛内，可挡尖角冲射、飞刀煞、枪煞、反弓煞、开口煞；将五帝古钱币悬挂在室内或佩戴在自己身上，将有助于增加财运并且可以避邪，不被邪灵骚扰，或用利是封包装着，或用绳穿着挂在颈上，可增加自己的运气，颜色可用喜用神的颜色。

2. 心经

这是一篇佛教的经文，就是唐三藏念的般若波罗多心经，可挂在客厅，或在办公室放一部经书，这就是佛经镇宅的作用。

3. 葫芦

葫芦具有神奇的化病灾、强壮身体、利医卜者之功效。一般挂在病者的睡床前或摆放在病者的睡侧，葫芦可采用天然葫芦瓜晒干成品或铜制葫芦。

铜葫芦：葫芦化病，人所共知，但铜葫芦可添夫妻情分则甚少人知道。若夫妻缘薄，可摆放一只铜葫芦在床头，增加夫妻恩爱。另外，凡家中有病人，可摆放此

法器，对健康有利，家有小孩及长者更应选用。此物在一定程度亦可化煞挡灾，用途广泛。但要注意铜制葫芦并不一定适合每个人，要视乎个人的五行。

木葫芦：家中有久病者，不妨挂三只木葫芦，会有神奇效应，重病者则需用三只放在床头，男女均可选用，可长期挂用。位置以天医、延年、生气方为佳，尤以天医方最佳。

4. 花瓶

取其花瓶的"瓶"字与平安的"平"字同音。家中或公司均适合摆放。在家中摆放花瓶代表家人平安。在公司摆放花瓶，代表员工健康。但切记不可将空花瓶摆放桃花位内，否则会变成招惹桃花的物品了。

5. 象驮宝瓶

《汉书·王莽传上》："天下太平，五谷成熟。"温庭筠《长安春晚》诗："四方无事太平年。"又指连年丰收。《汉书·食货志上》："进业曰登，再登曰平……三登曰太平。"象，哺乳动物，体高约三米，鼻长筒形，能蜷曲。门齿发达。象寿命极长，可达二百余年，被人看作瑞兽。象也喻好景象。宝瓶，传说是观世音的净水瓶，亦叫观音瓶，内盛圣水，滴洒能得祥瑞。"太平有象"也叫"太平景象"、"喜象升平。"形容河清海晏、民康物阜。

6. 吉祥草

吉祥草小巧，终年青翠，泥中水中均易生长，象征着吉祥如意，也叫瑞草。

7. 竹树

取其"竹报平安"之意。所以在乡间，人们都很喜欢在门前种植竹树。即使你不种植竹树，你仍然可以用文竹或富贵竹代替之。加上如果你用一个花瓶来摆放，就更加可以达致"竹报平安"的效果，因"瓶"与"平"同音。

8. 凤凰

凤凰亦被誉为漂亮的瑞兽，比孔雀还要美丽，在居室内挂这一类图画代表容易招贵人。

9. 蝙蝠

蝙蝠在中国是一种瑞兽，"蝠"与"福"同音，因此在中国社会里代表一种福气。

10. 五福临门

大家常常在各种图画上看到画有五只蝙蝠的画面，这便是"五福临门"之意，据《尚书》云："福有五种，一曰寿；二曰富；三曰康宁；四曰做好德；五曰考终命"。而民间则认为五福是指"福、禄、寿、喜、财"，因此喜欢带有五只蝙蝠的装饰品，以示吉利。

旺宅居家环境学

11. 五宝兽

五宝兽原名五毒，有些人认为名称不雅，故改为"五宝兽"。"五宝"是什么呢？

一般来说是"老虎、蜘蛛、蛇、蝎子、蜈蚣、蟾蜍"中的其中五类动物，不过，无论如何都会有老虎，然后配合其他四类。"五宝兽"是将五类动物画在同一幅图画上或雕在同一件玉器上，作用是去除恶疾保平安，辟除邪气招贵人，所以很多成人都为孩子佩戴一件"五宝兽玉佩"，以作辟邪保健康之用。

12. 桃木天然石

作为吉祥物应该具有一定的能量气场，桃木自古以来就是吉祥物的代表，而天然石自然形成，非同一般，例如泰山石有 25 亿年历史，这么悠久的时间聚集的能量谁可比。桃木如果能够开光与青铜八卦镜结合起来，将是非常有效果的。

13. 鸡立石上

《礼记·曲礼上》："三十曰壮，有室。""石"，谐音"室"也。"鸡"与"吉"谐音。"室上大吉"，寓意合府安康，生活富裕，大吉大利。

14. 龟

假如你在窗前看到对面有尖角射向你屋内，或者对面大厦有人挂上八卦、三叉之类实形东西，你可在窗前养一缸龟（数只也可）以作化解，如果你不爱养活的龟，你可在窗前放几只红色或蓝色的龟摆设。

15. 龙龟

中国众多瑞兽中，龙龟是被众人所认识的其中一种瑞兽，主吉祥招财，化三煞。龙龟放在财位可催财，放在三煞位或水气较重之地最有效，风水学有云："要快发，斗三煞"。水气重之风水位主是非口舌，龙龟在位能化口舌兼加强人缘，有部份龙龟法器之背部是活动的，可将之掀起，放入茶叶及米粒，可加强其效应。

在写字台上摆放一只龙龟，则会在工作上得到贵人的扶持，得上司欣赏，所以工作方面会十分顺利。除了在公司摆龙放龙头龟卦，亦可以在客厅中再摆放，双管齐下，相得益彰。

16. 檀香手珠、蜜腊手珠

护身法器，佛光普照，保平安健康，男女老少皆宜。

17. 珠帘屏风

可化枪煞、反弓煞、开口煞。

18. 中国结

表示长命百岁、称心如意、大吉大利。

19. 真丝毯

红色真丝地毯表现出主人的尊贵，增添喜庆。

20. 盆橘

在玄关处放一盆年橘，寓意新年吉祥如意。

21. 富贵花

牡丹表示大富大贵，兼有早生贵子的含义。

旺宅居家环境学

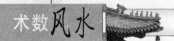

招财吉祥物

1. 锦鲤、金鱼

"鱼"自古就被视作吉祥之物，鱼的形象作为装饰纹样，最早见于原始社会的彩陶盆上，商周时的玉佩、青铜器上亦多有鱼形。鱼与"余"同音，隐喻富裕、有余。年画多喜这个题材。"金玉满堂"，言财富极多。如果你想令家中或办公室更有生气，可以饲养"九"尾、"十九"尾或"廿九"尾锦鲤或金鱼，因"鲤"与"利"同音，寓意做生意得厚利；"金鱼"则是因为"金"是值钱的物品及代表财富；"九"则有"长长久久"的含意。

鱼的图案也应以"九"尾为宜，如常见的九鱼图即是图中画上九尾"锦鲤"或"金鱼"。原因也在于"鱼"与"余"、"九"与"久"同音。

2. 蟾蜍

旺财蟾蜍与普通蟾蜍的分别是它只拥有三只脚而不是四只。传说它本是妖精，后来改邪归正，四处吐钱给人，所以，被人们当作旺财瑞兽。要注意的是摆放三脚蟾蜍，头要向内，切记不可向门外或窗外。否则所吐之钱皆吐出屋外，不但不能催旺财气，反而可能引致漏财。

3. 金蟾

旺财之上佳用具，三只脚，背北斗七星，嘴衔两串铜钱，头顶太极两仪，脚踏元宝山及写有"招财进宝、一本万利、二人同心、三元及第、四季平安、五谷丰登、六合同春、七子团圆、八仙上寿、九世同居、十全富贵、乾隆通宝、宣统通宝"等等的铜钱。

蟾蜍的制品，以玉器和铜制品最为常见，其次也有瓷制品。

玉器和瓷制品的适合摆放在五行属木、土的方位，铜制品的蟾蜍适合摆放在五行属金、水的方位及火的方位，如果摆放得时得位，其一两个月即能见效，尤其适合偏门。

4. 貔貅

"貔貅"读作"皮休"，在风水学上是可镇宅避邪，纳财聚财的灵物。貔貅生性凶猛，因为没有肛门，只进不出的传说让它的招财能力更加令人坚信不移。貔貅与蟾蜍最大的分别是：摆放貔貅时，必须将头向门外或窗外，原因是使其可以吸呐四方八面的财富。

"貔貅"催财能力非常快，特别有利于一些从事外汇、股票、金融、赛马、期货等行业人，可起到意想不到的催财作用。

貔貅与麒麟有所不同，貔貅是凶狠的瑞兽，有镇宅辟邪的作用，古代还用它来镇墓，是墓穴的守护兽，一般古墓的墓前都可以看到，可知其杀气的勇猛。

貔貅在风水上的作用，可分以下几点：

有镇宅辟邪的作用。将已开光的貔貅安放在家中，可令家中的去势转好，好运加强，赶走邪气，有镇宅之功效，成为家中的守护神，保合家的平安。

有趋财旺财的作用。这是较多人知道的，比如在一些股票市场等场所，就很容易看到貔貅。除助偏财之外，对正财也有帮助，所以做生意的商人也宜安放貔貅在公司或家中。

有化解五黄大煞的作用。五黄在风水上是可怕的煞星，它所到之处，都会令宅中人口不健康、运滞等，前文已有详细的说明，我们在五黄所到之处安放貔貅可在解其凶性，如果在大门最好是放一对。

貔貅除具有辟邪、挡煞、旺财三大功用外，还是很多作用，如化解天斩煞、穿心煞、镰刀煞、屋角煞、刀煞、白虎煞、阴气煞（如坟场、庙宇、闹鬼）、二黑病符星等。

5. 狮子

狮，猫科动物。雄狮壮硕雄健，颈有鬣。我国古代工艺中的狮纹样，是历代民间艺人加工，提炼并加以图案化的结果，较真狮英武而活泼。绣球是用丝织品仿绣球花制作的圆球，古代视绣球为吉祥喜庆之品。汉代民间流行"狮舞"，两人合扮一狮，一人持彩球逗之，上下翻腾跳跃，活泼有趣。"狮子滚绣球"图案即来源于此。舞狮子为民俗喜庆活动，且有祛灾祈福的寓意。由绣球组成的图案又叫"绣球锦"、"绣球纹"等。

石狮子：瑞兽一种，能解除多种形煞，亦加强官威或屋主之阳气，过去不少大户人家均摆放一对在门口。如果窗口见到不利之冲克，可放一对石狮子面向窗口可以化煞，且有生权之意。凡是以口维生之行业，如：律师、艺员等，可在办公室内摆放一对振声威，有助于生财。

铜狮子：其性质为化煞挡灾，一般放在面向大门的位置。凡是有路相冲或开门见灯柱者可用。铜为金属，可克制木的刑克，遇窗户的对面可见大树者适用。如宅内有属水之人，放此铜狮更佳，因金能生水，可旺财。

6. 麒麟

麒麟与龙凤及龟合称为四灵，即是四种最有灵气的动物。麒麟为瑞兽的一种，集龙头、鹿角、狮眼、虎背、熊腰、蛇鳞、马蹄、猪尾于一身，古时称为"仁兽"。麒麟之所以被视为仁兽，是因为它重礼而守信，有两个方面的意义：

一为吉祥之瑞兽；二为仁慈之瑞兽。

麒麟乃吉祥之宝，从古到今都是公堂上的装饰，以振官威之用，也是权贵的象征。能够消灾解难，驱除邪魔，镇宅避煞，催财升官。催财可以放一对于财方，催官可以放一只于驿马方，是最强的催贵升官的物品。适合工作性质稳定者摆放。

古人认为麒麟的出现是吉利降临的先兆，中国自古有麒麟送子的说法，因此求生贵子心切的人家，往往会在向海的阳台上摆放一对麒麟，希望能早得麟儿。另外，也可用于化解三煞，可放一对麒麟于三煞方，放时头向门外或窗外。

7. 龙

瑞兽，生旺化煞，强青龙，吸财气。

8. 铜羊

其性质为祛病减灾及增加偏财，因羊取"赢"之意，有利赌运。此外家中有长期病患者或旧患绵缠不去者，可将此物摆放在床头，左右各一只。此物还可化解工作不如意，减除小人口舌。羊属和平之物，摆在工作台上效应甚强。

9. 铜大象

大象善于吸水，水为财，凡家居大窗见海或水池，均称之为"明堂聚水"，若摆放一只铜大象在家中，则大财小财均为己所纳。

旺宅居家环境学

象之禀性驯良，放在家中吉祥如意，如将之放在室内财最盛的地方，则全家人受惠。

10. 旺财尺

旺财尺又叫做"鲁班尺"（风水尺），在阳宅方面，有关门的高度、宽度等都应该符合一定的尺寸，而这些尺寸便是吉利的尺寸。不同的尺寸都会带来不同的意义，吉利有吉利的意义，如旺财运、添人丁、人缘佳、利科甲、升官位等；凶则有凶的意义，如官灾、口舌、破财、损丁、损耗等。

11. 水晶

水晶分为天然水晶和人造水晶，其中天然水晶的作用更强、效果更佳。如有条件，尽量使用天然水晶。水晶应一般放于病煞星之位，一来可以化病消灾，二来可以化病为财。

水晶球能够将能量扩大，因此在家中或企业的吉祥位置内摆放水晶球，便有催吉纳财的含意。

12. 铜风铃

专制五黄煞。凡流年五黄飞到的大门、房门，宜挂铜风铃消除。因五黄煞属土，故挂属金的铜风铃可泄土气，风铃的摆动可加强金气。

13. 太极八卦青铜镜

铜镜，古名鉴，照子，根据考古学家发现所载，中国铜镜的历史，大约可以上溯到四千多年前的轩辕皇帝时期，古人认为铜镜具有照煞、驱邪、镇宅、除疾病和藏风聚气之功效，用铜镜照面久而久之，人的精神就不会飞散，邪气就不能侵入人体，铜镜还具有统摄、培固人的精气之作用。

李时珍在"本草钢目"中说："镜乃金水之精，内明外暗，古镜如古剑，若有神明，故能辟邪魑魅，凡人家宜悬大镜，可辟邪魅，铜镜无毒，主治惊痫邪气，小儿诸恶，辟除一切妖邪"。因此，古人常于居室中置放一面铜镜，常照会有祈吉、防病、镇宅之妙用，同时又可调节时空、气场之功效。

太极八卦青铜镜的主要用途是：招财进宝、镇宅化煞。

14. 财神

财神分武财神（关公）和文财神。财神敬之得当，可得全家或企业财运亨通；敬之不当，财神则会变为散财之神——耗财破损；尤其是武财神关公，如敬之不当，不但不能带来财运，关公的那口大刀还会伤人。一般原则是，武财神要面向门口，文财神忌面向门。

15. 运财童子

顾名思义为运财之物，若全屋皆为未婚男士更为有效，忌已婚人士选用。此物放在浴室最为有效，因水为财也。将之放在床头亦可，但女士应避免应用。此法器只能摆放一年，时间过后法力消失，切记。

16. 金元宝

以生财旺财为主，多以一对并用，用法有二：一、将一对金元宝放在全屋最大之窗口上或窗台，左右角各放一只，目的为把窗外之财吸纳进来，窗口越大财气越旺；二、放在大门入屋斜角之角落，此处地方藏风聚气，亦是财位，放上一对金元宝可以加强招财进宝之气。

17. 风车

风车这一样物件，并非中国特有，在其他国家也可以见到，

而香港有一位"车公",据闻十分灵验,而正月初时,很多人都会去车公庙拜车公;而车公庙有一座风车,只要善信用手转动风车,则来年必然风调雨顺,财运享通,身体健康。除了车公庙的风车外,有些人会购买一些风车回家摆放,祈求新的一年运气更顺利,所以风车是增强运气的代表。

招福吉祥物

1. 百福图

"百福图"顾名思义是在一幅图画写上一百个不同书法的"福"字。其实"百"字并不是一个数量词,有"多"的含义。

2. 三羊图

羊、古同"祥"字,寓吉祥。三羊喻"三阳"。三阳,卦爻之初九、九二、九三,阳气盛极而阴衰微也。开泰,泰是卦名,是易经中的一个召福卦象;坤上乾下,天地交而万物通。开泰即启开的意思,预示要交好运。"三阳开泰"图案,意思即招来吉利之谓,可以带来好运,寓意祛尽邪侫,吉祥好运接踵而来。

3. 蝙蝠

蝙蝠又称为蝠鼠,因它酷似老鼠。蝙蝠在中国人眼中属于瑞兽,这是因为蝙蝠的"蝠"与"福"同音。故在很多祝贺的图案里都有蝙蝠。

大家常常在各种图画上看到画有五只蝙蝠的画面,这便是"五福临门"之意,据《尚书》云:"福有五种,一曰寿,二曰富,三曰康宁,四曰修好德,五曰考终命"。而民间则认为五福是指"福、禄、寿、喜、财",因此喜欢带有五只蝙蝠的装饰品,以示吉利。

4. 喜鹊

古时每当有喜鹊临门，人们必视之为好兆头，所以不论图画、花瓶、瓷器、屏风、玉器都常以喜鹊为图案，因此在家中摆放有关喜鹊图画都表示将有喜事临门，有招福之意。

5. 福神

中国有"福、禄、寿"三星，福星是福神，掌管人的福气；禄星是掌管人的官禄的星神，而寿星则是掌管人的性命的星神，一般人们都习惯以将"福、禄、寿"三星摆放在一起，以示一种吉祥。

升职吉祥物

1. 如意

福禄寿三星的"禄"星便是手执如意。"禄"即奉禄也。古时多用来祝贺人家加官进爵，升官发财，所以即使现代人用来祝贺朋友升职也是非常适合。如意则有"如愿以偿"及"事事如意"的意思，故此亦可用在其他祝贺的场合。

2. 鹿

"鹿"与"禄"同音，所以被视作祝贺朋友升职的吉祥物。有些图画则是绘一只"福鼠"和一只"鹿"再加上寿星公，取为"福禄寿全"之意，适合摆放在家里，尤其是老人的房间。

3. 天禄

天禄是一只瑞兽，其造形是短腿、有翼、双角，连须及鬃的动物，独角为天鹿，因为"鹿"与"禄"的读音相同，故含有"爵禄"之意，适合摆放在办公室，代表升职快。

4. 马

其性质为驿马，主动、健康、马到功成，凡经常出差公干奔走或想调动升迁之人，适宜在写字台上或家中财位摆放六或八匹铜马或木马。

5. 马上封候

是一只马和一只猴子，而猴子多在马背上或向马背爬上去，而猴子在马的上方，故形象的命名为"马上封候"；在职人员如果常佩戴此类物品，则有助于职务的升迁。

6. 升官印

古时候的官员，都有一颗玉印来代表自己的身份。对于现代的人来说，如果想要晋级，最好在身边放置一颗印章，尤其对于命理中身弱用印的人来说。这颗印不一定用，可以做的大一些。这种印一般都雕有瑞兽形象，就是为了加强功效。如麒麟印、狮子印等。

求学吉祥物

1. 文昌塔

一般都会摆放在家中文昌位或书台上，这样可使子女读书专心，头脑敏捷。亦可放置在写字台附近，尤其有利于文职人仕，可增加工作效率，做事事半功倍及得到上司赏识。

2. 毛笔

在风水上，文昌之形象是高高尖尖的，而毛笔尖也是尖尖的，笔样长长的，故毛笔符合文昌之形象。试试看，在写字台或书台附近吊一枝或四枝毛笔，你会觉得它的确有助于思维敏捷。

3. 三元及第

将三个元宝摆放在一起，上面一个，下面两个承托，叫三元及第。

4. 文昌帝君、魁星

如果还想进一步的话，可在家中供奉文昌帝君或魁斗星君，此二神皆管文章。据说，古代书院内就供奉着文昌帝君。

5. 玉蝉

蝉代表清纯，亦指蝉联，古人曾以蝉代表第一。

6. 魁斗星君

魁斗星君，又称魁星爷、大魁夫子、魁星君，为广义五文昌之一。据说魁星爷生前满腹经纶，每试必高中，但因长相极其丑陋，主考官在面试时，恐遭致议论，皆不予录取，经过多次打击、挫折、最后悲愤投水自杀，幸被鳌鱼所救，将他载往天庭受玉帝封为"文魁星"，成为读书人之守护神。民间雕塑魁星爷神像时便根据此典故，塑造麻脸，跛足，足踏鳌鱼的魁星爷造型，而所谓"独占鳌头"之语亦本之于此。

我国古代对北方天空所形成的北斗七星，各有命名，依《春秋运斗枢》载：（北斗七星，第一天枢、第二旋、第三玑、第四权、第五衡、第六开阳、第七摇光，第一至第四为魁，第五至第七为杓、合而为斗）。文耀钓云："斗者天之喉舌，玉衡属杓，魁为璇玑"故斗魁一名璇玑，斗柄亦称玉衡。古代星宿学家认为斗魁四星各有所示，如晋天文志："枢为天，璇为地，玑为人，权为时"，司马迁史记、天官书云，"北斗七星所谓玄玑玉衡，以齐七政。杓携龙角，衡殷南斗，揆枕参首斗……为帝车，运于中央，临制四乡，分阴阳、均五行，移节度，定诸纪，皆系于斗"。故古代以斗喻施政之准则。而在民间信仰中，有"魁为参首"依据，含有魁首、第一之意，而魁首、第一又都是古今学子梦寐以求的目标，因此转而以星拟人托祀，将其形象具体化为金身鬼面，右足踏鱼鳌，左足踢北斗，右手执笔，左手拿金宝形象，取"魁人跷斗"而加以供奉。农历七月七日为魁星爷圣诞，供品则以龙眼（状元）、榛子（榜眼）、花生（探花）三果为主，代表三元及第。

富贵吉祥物

1. 牡丹

牡丹属毛茛科灌木。有"花王"、"富贵花"之称。我国已将之定为国花。据传，唐玄宗观牡丹时曾问及咏赞牡丹之诗谁作的最好，有人奏推李正封的诗"天香夜染衣，国色朝酣酒"佳句，后世便有"国色天香"之号称。牡丹花朵丰腴妍丽，周敦颐在《爱莲说》中有"牡丹，花之富贵者也"名句，牡丹为"富贵花"的称誉，也更加流传。牡丹有美色和美誉，寓意吉祥，因此在造园中，常用以与寿石组合为"长命富贵"，与长春花组合为"富贵长春"的景观。每逢新年，中国人的家庭总是喜欢摆放几盆牡丹，取其"花开富贵"的意头。

2. 山水画

"山"靠山也，亦可指贵人、人才、人丁。"水"为财也，多指财富、奉禄。所以山水画可以摆放在办公室或家中。放在家中，有丁财两旺的意思。放在办公室，则有利工作及人际关系。

长寿吉祥物

1. 寿星、麻姑

寿星就是南极仙翁，相貌慈祥，面带笑容，长髯，一手拄着拐杖，一手托着仙桃，是长寿之神。麻姑也是一位仙人，相传麻姑曾见东海三次变为桑田。

一般来说，为男性老人祝寿，宜选用寿星造型。为女性老人祝寿，宜选用麻姑造型。

2. 寿桃

传说天上王母娘娘的花园里种的仙桃，三千年开一次花，三千年结一次果，吃一枚可以增寿。因此人们将桃称为寿桃。有些图案将蝙蝠与桃放在一起，这表示"福寿双全"的意思。

3. 仙鹤、龟

仙鹤是羽族之长，又称一品鸟，是长寿的动物，又有仙禽之称。鹤寿，鹤龄，是常用的祝寿词。龟的寿命也是很长的，龟龄鹤寿常放在一起使用。

4. 松柏

松柏耐寒，是常青树，树龄长，因此以松柏喻长寿。

5. 椿树

椿树易长而长寿，有的地方盛行摸椿风俗。除夕晚上，小孩都要摸椿树，而且还要绕着转几圈，祈求快快长高。有的地方在正月初一早上，小孩抱着椿树念"椿树椿树你为王，你长粗来我长长"。

嫁娶吉祥物

1. 莲

莲，水生宿根植物，别名很多：荷花、水芙蓉、芙蓉、水华、水芸、水旦，藕可食用，可药用，莲子可清心、解暑，藕能补中益气。除实用价值外，莲花在中国有深邃的文化渊数。唐代将佛教立为国教后，莲花备受人们敬爱。佛祖释迦牟尼的家乡盛产荷花，因此佛教常以莲花自喻。莲有一蒂二花者，称并蒂莲，以象征男女好合，夫妻恩爱。

2. 鸳鸯

鸳鸯是行影不离的，古人称之为匹鸟。凡带有鸳鸯图案的饰物都有婚姻的含义。

3. 和合二仙

和仙、合仙，是指高僧寒山和拾得。寒山，一称寒山子，唐代僧人，相传他居丰县（今浙江天台）寒岩，喜吟诗饮酒，与天台国清寺僧人拾得为好友。清雍正十一年，寒山、拾得被封为和圣与合圣，世人称"和合二仙"或"和合二圣"。"盒"与"合"、"和"同音，喻"和合"。民间嫁娶，喜挂和合像，取"和谐好合"之意，以图婚姻美满。

4. 龙凤镜

夫妻感情的专用的吉祥物法器，适合放于主卧室床头。它可以防止家庭感情出现危机，婚外情，确保家庭和睦，不被第三者打扰，维持夫妻感情，合好如初。

5. 铜金鸡

针对偏桃花，例如坏女人或令你讨厌的性骚扰。此法器宜放在大门对冲之处，例如屏风式摆设架上，可禁绝外来桃花影响。若怀疑配偶有婚外情，可将之放在配偶的衣柜内，要用一对，放在衣柜暗角，左右各一。

6. 双喜字

多用于结婚庆典上，在各个地方贴上大大的红色双喜字，则是祝福新郎新娘婚姻美满，吉祥幸福之意。

添丁吉祥物

1. 麒麟

麒麟是仁兽，麒麟跟添丁有关，是源出于麒麟送子的典故。相传，孔子出生时，有麒麟衔玉书来到他家。

2. 石榴

古人认为儿孙满堂为福，而石榴则有石榴开百子的含义。现

旺宅居家环境学

在社会喜欢财多的人胜过喜欢人丁，但是从求子的角度来说，不妨使用此类饰物。

以上吉祥物有的音吉祥，有的形状吉祥，有的所代表的意义吉祥，在实际生活中这些都能起到吉祥、装饰家居的作用中，善加利用，必能为您的生活增色清彩。

鱼缸不宜在旺位

《易经》指出："润万物者莫润乎水"。天地生成数之数："天一生水，地六成之"。风水鱼最大的功能是添财添禄，其次才为美观化煞。还能对那些生辰八字缺水的人，运程大有帮助。风水学离不"水"，认为水对宅运的吉凶盛衰会有很大的影响。鱼缸因是盛"水"的器皿，故此它往往与宅运有相当密切的关系。可见家中鱼缸摆放的重要性。但在风水学方面鱼缸的摆放有两种不同的说法，一种是有些人认为鱼缸应该放在旺位，便会带动那方位的旺气，旺上加旺！另一种是有些人认为鱼缸应该放在衰位，因为这样才符合"泼水入零堂"的说法，所谓"零堂"，是指失运的衰位，依照玄空风水学的说法，把水引入失运的方位，是可以转祸为祥，逢凶化吉的。另基于"水以衰为旺"之说，把鱼缸放在衰位亦可转换衰气。

从理论上讲，我还是比较侧重于第二种说法，鱼缸应该放在衰位化气。还有一种认为是遵从客观摆放条件下，放在财位的旁边，起到相辅相成的作用。因为风水上讲究"山主人丁水主财"，有水就有财，水不占正位，以财位为正，一阴一阳，暗合天地生成之理。

鱼缸形状与五行的关系

水本静，喜动。在鱼缸风水中，水的循环与照明是风水中重要的一环，水在流动，所以属于阳气性质，如同自然界中山间的水一滴滴流入溪水中，再汇集成河流注入海里。有鱼缸自然有形状，形状与五行的关系如下：

圆形的鱼缸，五行属金，可以生旺财水，故为吉利之象。

长方形的鱼缸，五行属木，虽然泄水气，但二者有相生关系，也可用。

正方形的鱼缸，五行属土，土能克水，出现相克的内因，故选择鱼缸不宜选择正方形。

不规则或六角形的鱼缸，以六为水数，故五行属水，比和，可以利用。

三角形或八角形甚至多角形的鱼缸，五行属火，水火驳杂，故不宜用来催财的。

据上面的分析，最吉利的形状有长方形及圆形和六角形，有利于催财的作用，希望大家在日后选择鱼缸时，要多加注意。

有鱼缸了，到底养多少条鱼才适合呢？养什么颜色的鱼为主呢？有一定规律吗？这很难一概而论，目前来看，最准确，最有说服力，最有理论依据的是：只能以洛书为依据，因人而异。大家都知道，阳宅风水以先天看来龙，以后天看方位。现有龙脉后有房子，有了房子，才能放鱼缸，所以在这里的取舍应以后天八卦为主，即以洛书戴九履一为主。

一般我们可以以洛书数来选择养鱼的数目。

一条——一白水，可以旺财。

二条——二黑土克水，不利财运。

三条——三碧木泄水，不利财运。

四条——四绿木，虽然泄水，但四绿为文曲星，以吉论。

五条——五黄土克水，不利财运。

六条——六白金生水，有利财运。

七条——七赤金生水，虽为凶星，但有相生之情，以吉论。

八条——八白土克水，但八白为左辅星为吉星。

九条——九紫火，但右弼星为吉星，可以旺财。

十条以上除去整数，如十二条，以二条论，十五条以五条论。杂颜色的鱼以主色为主。

养鱼数目与户主的命理五行相配合时配合时，根据户主的命卦五行而定。此时有催贵催官的作用。需要用先天的生成指之数，此即先天为体，后天为用的实践应用，看到此篇，若能明白，有所感悟，风水大道成也，此处可谓阳宅风水的理论精髓，传心口诀，有缘之人自得天地之理。

"河图洛书"的天地生成数口诀云："天一生水，地六成之；地二生火，天七成之；天三生木，地八成之；地四生金，天九成之；天五生土，地十成之。"具体如下：

鼠、猪——为水：1 或 6

虎、兔——为木：3 或 8

蛇、马——为火：2 或 7

猴、鸡——为金：4 或 9 或 5

龙、狗、牛、羊——为土：5、10、4、9

举例来说，倘若一家之主的五行属"水"，那便养一条浅色的
鱼为宜，例如是银白色的鸿运当头，银色时光，或者养六条深色
的鱼，例如是深红色的狮子头，以符合一与六生成的"水"数，
其余可依此类推。

家饰中艺术品的收藏讲究

家饰摆放艺术品要从居室的大布局出发，根据住房条件来定。
如果喜欢摆放老家具，点缀的艺术品可选购几件造型古朴、色彩
浓重的；现代家具可配几件有现代特色的艺术品。但摆放艺术品
要力求立体与背景统一，错落与布局协调，色彩与气氛一致，量
感与质感均衡，文化与品位辉映。以简约诠释奢华，用创意引领
观魅，让享受生活的走进我们的领域精进。

现实生活中，很多人装修摆放家庭艺术品时，性质完全变了，
他们有的收集古董；有的收集字画；有的收集各类雕塑的艺术精
品，表面看来都是很好的人生价值观，可是，从中却很少去注意
艺术品真正的价值。

艺术品最好是有禅意境者为上品，因为它能启发人的佛性。
艺术品如属人体作品，应该有实质之艺术，千万不可收藏骷髅之
作品，这可能会引入邪灵。以往曾有此例，费尽了财力、人力、时
间，才将人的精神症治好。艺术品太高贵者，不要放到受瞩目之
处。因为时时烦恼失窃，除了日夜寝食难安外，由于心魔作祟，往
往会招来盗贼上门。艺术品如属佛像之类者，应特别注意是否已
受别人供奉拜过，一般有历史性的，均是有人拜过，甚至有的是

他人偷来卖的，给收藏者莫名其妙的带来不如意之事，各位不得不注意。艺术品的收藏最好来路分明，否则收藏到盗品，而且该艺术品是死去的人心爱之物时，则买艺术的人可能会倒霉。曾有此例，弄得收藏者整日胡言乱语，精神恍忽，不知所措。

艺术品如属老虎、狮子、黑豹、蛇类、鸟类五类，应该放在屋外晒太阳，沾夜间甘露，以便将邪灵驱除，第三天中午再用红纸或红布包起来，然后请进家摆饰，则较平安，否则可能会带来很多病痛。

艺术品如是宝剑，则更应该注意剑气是否带煞气或正气。如属煞气，恐家中会出血光之灾，那么则应于中午时间，太阳光正照耀大地时，面向北方，将剑出鞘。口念（剑出鞘，正气长，邪念除，家平安，阿弥陀佛！），然后将剑入鞘入家中摆饰，则无妨。最好把宝剑之类的东西放在隐蔽之处，明处容易招惹是非。

提醒收藏家们，除了收藏古董艺术品之外，更应该由艺术品去体悟（人的本来心是完美的），人的心是比珍品更珍贵的。

家饰中最常见的错误

《黄帝宅经》曰："宅者，人之本。人以宅为家，居若安即家代昌吉。若不安，即门族衰微。"巧妙布置招财进宝???,? 装饰摆放催官催财。所以，居室内装饰要注意以下几个要点：

忽视字画的涵义

若住宅的大厅较暗，可加壁挂或图画来弥补缺陷，如牡丹花或向阳花，可采收阳刚之气，另外挂画应以光明正大的内容为宜，避免孤兀之物。如有山水画挂在厅堂上，要观其水势向屋内流，不可向外流。因山主人丁水管财，水向内流乃进财宝，水流出为失财。船画要使船头向屋内，切忌向出屋外，向出者损财丁，向入者招财进宝，可言满载而归。对家居吉利的字画，包括象征富贵荣华的牡丹花画，象征年年有余的莲花及锦鲤图，象征健康长寿的松柏长青图等等。书法则以寓意吉祥、善颂善祷的书法为宜。

时钟向内

有的门厅及房间挂钟是必须的，特别是大的居住空间，更应该挂时钟，因为在这些地方挂时钟可有五大作用，一是招财进宝，二是时空概念能避邪气，三是助主人运势，四是调动宅内气场，五是计时间。但是，时钟的挂法若不明理气，挂错地方就不行了，时钟的正面不能向内，应朝向门或阳台的方向为最好。

中国传统习惯通常朋友之间不会送时钟，就因为"钟"谐音"终"。实在要送，那么，在称呼上就要有所改变。比如恋爱的男女，男方送了一块手表给女方，只能说"送你一块计时器"；同理，很好的朋友搬新房，你要送一块很好看的时钟给他们，也要如此说法。否则，朋友可能会误会。

忽视鱼缸的位置

金鱼常被称为风水鱼，可弥补家居风水上的缺陷，并令住宅充满活力，生机勃勃，但必须注意鱼缸大小须适中，周围不可堆放其他杂物，不能正对着灶台位，因为灶台位属火，与水相克。不能有死鱼，鱼缸上边不能摆放财神像。

忽视枯萎植物

房内应摆放绿色植物增运。大厅内可摆放富贵竹、发财树等，象征生机勃勃、制造氧气，对居室有益。不必强求四季鲜花，但必须常绿常青，如有枯萎，则需常换，这会令居室更具活力，更具生机。

旺宅居家环境学

乱用风水工具

有些人家中喜用八卦镜、风铃等风水工具，又不明风水原理，不但起不到好的作用，还可能会适得其反，所以这类东西，在不知情况下家中不可乱用，免得伤身。如有格局方面的破败，最好找懂的来装修或用植物来化解。

颜色搭配不合理

房间的颜色以白、黄、蓝、绿诸色为佳，木色亦可，忌用黑色，少用灰色。天花板颜色宜轻不宜重，因为上古天地初开只是浑沌一片，其后分化为二气，气之浊者下沉而为地，于是才有天地之分。客厅的天花板象征"天"，颜色当然是以轻清为宜。所谓轻清，是指较浅较淡的颜色，一般来说以白色、淡黄色和浅蓝色为主，白色象征白云悠悠，蓝色象征朗朗蓝天。而地板的颜色则宜以深色为主，以符合天轻地重之义。现在比较科学的解释为冷暖色调搭配产生心理精神各方面的影响，吉则吉，凶则凶。

家饰中化解风水煞气的方法

风水学上，克我者为官星。官星有正官和偏官之分。阴见阳，阳见阴为正官，阴见阴，阳见阳为偏官。偏官又称作七杀、七煞，所以煞气就是偏官。因此"煞"即是伤人于无形的一种力量，如果不小心犯以，可能遭伤身破财的祸害。风水里的煞可分为形煞、气煞、声煞、光煞、风煞等等。煞气不可怕，怕的是不知道，不会化解，下面我们就总结一下常见的几种：

冲煞

现今的楼宇每每建至数十层高，从风水的观点来论，居住在五楼以下的，比较容易犯冲煞，因为居所多被灯柱、树木所挡。犯此煞者，家人易染病。

化解方法：用开光的文晶塔、五帝钱去化解。如果受煞方位恰逢流年凶星临，则要按此星特性，配合其它化煞用具，如珠帘、屏风等一起使用。

枪煞

这是一种无形的气，所谓"一条直路一条枪"，即是家中大门对正有一条直长的走廊，便是犯枪煞，另外窗外晾衣杆也属于枪煞。以本身为中心点，见有直路或河流等向着自己冲来也是枪煞。主血光之灾、疾病等。

化解方法：一是挂珠帘或放屏风；二是在窗口安放金元宝或麒麟一对，能助事业顺利。

镰刀煞

凡是弯形的天桥或带弯形的平路都称为镰刀煞，可招血光之灾。配合玄空飞星的吉凶，便能化解镰刀煞的凶性。

化解方法：在吉位安放一对铜马及五帝钱可以化解此煞。

孤峰煞

所谓"一楼独高人孤傲"，是指一座楼宇的前后左右都没有靠山或大厦，经云："风吹头，子孙愁。"凡犯孤峰煞都得不到朋友的扶助，子女不孝顺或远走他乡或移居外地等。

化解方法：只要在吉位或旺气位安放明咒葫芦和铜葫芦便可。

割脚煞

在市中心很少见，是指大厦接近水面。水贴近房屋时，当运者就要利用这段时间进取，能发财，但不长久。它的特点是运气

反复，当运时大富大贵，失运时一落千长。

化解方法：在每年有变的旺气位放八白玉或其它升旺的风水用具。

白虎煞

即风水师所说"左青龙，右白虎"中的白虎，即指房屋右方有动土的现象，凡居所犯白虎煞者，轻者家人会多病或因病破财，重者会有人伤亡。

化解方法：在受煞位置放一对麒麟。

天斩煞

两座大厦靠得很近，致使两座大厦中间形成一道相当狭窄的空隙，远望去就仿似大厦被从天而降的利斧所破，一分为二似的。住宅大门面对两栋大楼中间的夹缝，是犯了"天斩煞"。天斩煞的影响极其强烈，住宅成员之间易起争执，主有血光之灾、易患需动手术及危险性高的疾病；如果是店铺则财运不旺。

化解方法：安放铜马、摆放龙龟或两串银元锦囊来化解，严重者以一对麒麟正对煞气。

穿心煞

一些楼房下被建了地下铁路或隧道，从楼下通过，便主犯穿心煞。此煞对较低层的单位影响较大，致使宅运不稳，财运差，且住客身体健康较差及易生血光之灾。

化解方法：在旺气或吉方安放铜葫芦、五帝钱、及一对文昌塔。摆放铜葫芦和五帝明咒，能避免地底穿心煞所造成的运气反复；地面穿心煞的化解则是在大门处安放八白玉，五帝古钱及一对文昌塔。

廉贞煞

一般风水注重背后有靠，但如果所靠之山并非名山，而是山石嶙峋，寸草不生的穷山，风水学上则称之为廉贞煞，这是煞气颇大的一种风水恶煞。"靠山"在风水学上代表的人物为上司及长辈，后靠恶山的影响为上司或长辈为难自己，令自己的才能不能发挥。倘若自己身为行政人员，则主自己没有实权，部属多属阳奉阴违。

化解方法：经常把窗帘放下；于煞方挂葫芦；严重者放四对貔貅挡煞。

天桥煞

一条自高而下的天桥常有弯斜的去势，天桥为虚水，斜去而水走，是泄财象，此为天桥煞。天桥环抱为吉，反弓为凶。

化解方法：在见到天桥下斜的方位，摆放已开光的铜大象或一对铜麒麟以收外泄之气。

开口煞

住宅大门面对电梯就犯了"开口煞"。当你打开自己的大门时，见到升降机门的开阖，好象老虎嘴一样，如果你的住所有这只老虎来冲射，已是犯了老虎煞（即开口煞）。会造成家运不济、守不住钱财、家中成员容易生病的反效果，同时易得血光之灾。

化解方法：在门楣上挂铜镇宅牌，另在门槛内藏一套五帝钱，效果最佳；或者放置狮咬剑牌，加上银元锦囊；或放置一对铜狮子或咬剑天兽。

反光煞

住宅外反光煞：凡因阳光、水面、玻璃的反射而被照射则称为反光煞。传统意义的"反光煞"指房屋在海边附近，海水受阳光照射会反光到住宅内，会令人脑迟钝，精神不集中；现代意义上的"反光煞"是在商业中心附近，玻璃幕墙受到光照射后反射

到自己所住的住宅，会使人发生血光之灾或碰撞之伤。

化解方法：一般反光煞的化解，可在玻璃窗上贴半透明的磨砂胶纸，也可用厚窗帘挡住，也可以用绿色盆栽置于窗台，既美化了室内环境又可以化去反光煞，真可谓一举两得。

尖角煞

住宅尖角煞：住宅内外部尽量不要有太多尖角，现代许多高层住宅结构呈菱形，往往会有尖角出现，不但有煞气，而且令住宅的气场失去和谐统一。风水学最忌的是有尖角冲克，因为尖角锐利，故具有颇大的杀伤力。屋内的尖角因距离较近，所以杀伤力也特别大。若尖锐的墙角冲射房门，那便会对睡在房中的人造成颇大的影响和伤害，小则破财，严重的可能会人口受损。

化解方法：化解住宅内尖角冲克可用木柜或其它家俬把尖锐的墙角砌平。此外，若用高柜或矮柜来砌平墙角，并将他们连在一起，家居设计会更有气势。

第十二章　经典导读

《宅法举隅》

清　锡山　朱旭轮　手辑

自序

　　相宅之法，日久失真，本末倒施，轻重莫辨，坊刻传布，簧鼓纷如，自误误人，其害不少，予自幼喜读堪舆家书，博览之余，几于汛滥而莫知归束，嘉庆癸亥，得杜杜陵蒋大鸿地理辨正，及天元五歌归厚录，知杨曾以来，真传具在，不过明天地阴阳之理，寓于气呈于形，其间动静往来，吉凶消长，丝毫不爽，故阳宅与阴地并重，而阳基亦如阴基之取龙脉砂水，但比阴基宜局势阔大粗雄，方有结作，其宗要盖有五，一曰地，二曰门，三曰衢，四曰峤，五曰隔空，凡风气冲气通气，无不详细指陈，而其作用，则以三元九星为主，他如游年卦例诸法，概行辟除私心折服者，惟有历年，后凡设帐所至，遇有亲友营造，辄以蒋子之法默参之，无不验者，因是识益定，而延视者日益众。

　　本书删定《阳宅集成》，去其杂乱，参之他书，法取三元九宫，凡年运干支纳音禽星穿宫，以及山运屋运之分，游年起门卦例贯并翻层等法，概斥为谬勿录此书。若与鄙见相合，惟以水定局，以局定宅，层间言层数而未及间数，言间星吉凶起于层，而不起于方。至三元九星按山飞布，而不知一卦三山，分阴阳以定山向，与门路收气之法，又各不同，是明阳宅之有体用。而凡蒋公所为，因时以制宜者，犹未尽得其奥妙也。

今以三元运五子运论其生旺衰死，道若循环，何以同一坎宅，丙向利而丁向不利？丁向利而丙向又不利？均此一运，均此一卦，而吉凶迥相悬绝。《天元五歌》云：九星八卦贵乘时，上下三元各有宜。又云：四吉四凶分顺递，父母二卦颠倒轮。即杨筠松《天玉经》所谓：九星双起雌雄异，元关真妙处是也。

九宫飞白，实为阴阳二宅乘时秉令之用，相宅者，既奉为圭臬，但又不可不知其因时变化，有一卦两用之妙法，取行箧中所携相宅要编，三元奥旨，编汇而录之，以付质诸同人，名曰《宅法举隅》，惟俟善反者之有以得其详也。

　　　　　道光壬辰秋八月既望无锡朱耀旭轮氏识

相气

阳宅地基，亦如阴宅之必得龙脉砂水界气，但须来势粗雄阔大，到作宅之地，宽平端正，前面有关拦，左右有拥卫，阳气氤氲．团聚在城市，则邻舍里廛，云连雾列；在乡村，则比户接庐，树木浓茂；在山谷，则山环水抱，收局开阳，皆为吉地。

纵观全局宅之得运失运，前后不同，苟内外六事，有得无失，居之总可平康，丁财常有。

相局

阳宅凭水立局。（阳宅相局精髓）

水在南为坎局，水在北为离局，水在东为兑局，水在西为震局，水在东南隅为乾局，水在西南隅为艮局，水在西北隅为巽局，水在东北隅为坤局，四面有水，远近相等，为中宫局。又有水势旋折，两面皆水，如由东经南，向西转北，则近南而远于西者为坎局，近西而远于南者为震局，在西南隅而南与西之水，相距适均，即为艮局。如雨水相交，以合襟处而论亦然，更或前后相兼，则为兼局，如坎离二方俱有水界是也。

立宅或向水背水，左右倚水，总以专用一水。而局真气纯，若在狭隅挂角立宅，止中宫收气不杂，若前进之左，后进之右，收气有变矣。一宅分房，衰旺有别，此皆就得水之地言之也。若山居，则认落脉，陆地，则凭行路，市中，则察街衢。《阳宅得一录》云：每逢空缺即为来，一遇遮拦便作止。辨明来止二气，方识呼吸

旺宅居家环境学

真机，此局之不可不详审也。局定而宅之吉凶以分，视运之衰旺为兴废，但宅与水路，相去在二十步内，则重局而轻宅，倘在二十步外，则重宅而轻局，又不可以不知。

相形

宅位址，宜取地高土厚处，最忌低湿。周围体势，宜五星方正圆满论，最忌斜缺破碎，稍有不整，宜削去角脚，勿凑作房屋。

宅前，宜平坦，无障碍，忌蔽逼冲射。宅内，宜前低后高，忌前高后低，又忌前后皆低，中间独高前后皆高，中间独低。左右两旁，宜高低匀称，轻重均平，忌一边高，一边低。亦忌一边有厢房，一边无厢房。宜前后略长，忌横阔如一字，或狭长而太深。宜前后之阔狭相同，忌前阔后狭，如前狭后阔者，则不甚忌，宜中间之阔狭，与前后相同，忌前后皆阔，而中间独狭，如前后皆狭，而中间独阔者，亦在所忌。宜前后一向，忌分金兼左兼右之各殊，不一向。宜内外相对，忌梁柱偏左或右之交射，宜零屋之大小长短，位置整齐，忌参差缺陷，尤忌正屋完后，接一长坡在侧，而坡之尽头，搭一小屋，如踢脚式，又正屋数间，檐下半边，另接造坡屋一间，及墙上搭椽，有栋无脊，或宅外屋外，添一小屋过路，孤立伶仃，甚或后无止屋，而背有两旁厢房，名曰鬼推车。前后两旁有厢，均无正屋拦住，名曰扛轿。后路狭尖，旁坡斜侧，名曰火星拖尾。宅内深长，半边直坡，名曰木星垂。厢房在后，高过正堂，名曰金星卷翅，种种凶式，皆所当避。

若正屋外，又傍附从屋，亦宜形势团密，高低相称，主辅分明，勿得涣散欺压，除去诸凶，宅皆合吉，如遇局运又得，自见隆隆日起矣。

方位

二十四山，分隶于八卦，每一卦统管三山。壬子癸为坎属水，丑艮寅为艮，属土甲卯乙为震，辰巽巳为巽，均属木，丑艮寅为艮，属土甲卯乙为震，辰巽巳为巽均属木，丙午丁为离属火，未坤申为坤属未，庚酉辛为兑属金，戌乾亥为乾属金。

凡立宅以后天八卦，用洛书九宫以本山主星入中，轮布八方，辨飞星所到之位，生死比旺克泄。坎一白水，坤二黑土，震三碧木，巽四绿木，中五黄土，乾六白金，兑七赤金，艮八白土，离九紫火，此九星五行也。如坎山，则以一白主星，入中顺飞，二黑到乾，克山，为煞气方，三碧到兑，四绿到艮，皆受山之生，为泄气方，五黄到离，为关煞方，六白到坐山坎，为生气方，七赤到坤，亦为生气方，八白到震，克山，为煞气方，九紫到巽，受山之克，为死气方。

再就飞星所坐宫卦，看其生死比和割泄，有无救化受制，审定吉凶，如坎宅，坤方见七赤，化生，艮方见四绿，制煞，二黑到乾，泄煞，减凶，八白到震，煞受克制，减凶，诸如此类，皆宜细究，凡生气黑碧绿赤，皆以吉论，五黄，非他生可比，不论生克，皆凶，紫白遇死气为魁星，退气为善曜，均作财论。

层数

凡宅应建层数，及各层吉凶，用河图五行与坐山论生旺克泄死。

一六水数，二七火数，三八木数，四九金数，五十土数，配合一生一成，此河图先天之数也。一层属水，二层属火，三层属木，四层属金，五层属土，六层至十层，照五层按次而数，再多亦如此。其层之五行，宜与坐山五行，相生比和，不宜克泄衰死。如坎宅宜三层六层，忌五层。离宅，宜五层七层，忌六层。震巽宅，宜三层七层，忌九层五层。乾兑宅，宜五层六层，忌三层七层。艮坤宅，宜四层五层，忌三层。

又如坎宅，第一层属水，比和吉，第二层属火，受宅之克，大凶，第三层受宅之生，最吉，第四层属金，生宅虽吉泄气，第五层属土，克宅凶，六层以上，悉依此断，各宅可以类推。至各层各有吉间，但就其中，辨而择之，与年运主命相合，亦可节取，不必概弃。其各层吉凶方位，则仍用洛书九宫起宅星入中，轮布八方，推看吉凶。

旁屋，则从其位本宫（正屋），起星飞布，以定吉凶，蒋法只论层数五行，不论层星五行，简捷明当。

间数

凡间数，宜单不宜双。书云：三间吉，四间凶，五间定有一间空，七间定有两间空，此大略也。其数亦用河图五行与坐山及各层，较量生克。辨其屋数，宜用若干间，又以洛书九宫起间星与本山本层方位，论生克吉凶。其星挨层而起，先辨宅向阴阳，分阳左阴右，数起，从本宅主星起第一间，以次排去。

《阳宅集成》起间星法，各种不同，几于无可适从。蒋法间星起于方，不再起于层，正屋不拘第几层，皆从坐山之方起，旁屋从坐宫之方起。如坐山乾坎艮震为阳，在内朝外，从左边数至右，巽离坤兑为阴，在内朝外，从右边数至左。坎宅一白为主，则朝外左手第一间，数起一白，第二间二黑。离宅九紫为主，则朝外右手第一间，数起九紫，第二间一白。

不论何层，均起于宅星，每层另数，不相连接。盖一宅一太极，而一层又有一层之太极，无混乱牵连之理也。至于零屋，看各方位，以宅星为主，辨其入中所飞何星到方，与坐宫论生克衰旺，而其间星数法，只就其方起。坐震，则起三碧，坐兑，则起七赤，从屋不从宅，各不相借如此，则某宅某方之主星有定，而间星之吉凶，亦有准矣。非如《阳宅集成》，几层相连而数，或按前后各层之分属何星而数，或正屋连及旁屋而数，皆不可从，当以蒋法为主。

行运

凡讲行运有三种。有河图五子运，有洛书三元运，有大运小运。

以河图运论体，以洛书论用。河图数十，一六属水，二七属火，三八属木，四九属金，五十属土。以六十年分，按五子起运，甲子至乙亥，为水运，丙子至丁亥为火运，戊子至己亥为木运，庚子至辛亥为金运，壬子至癸亥为土运，各十二年，依次而行，所谓五子运也。凡论层间何数之得运失运用此法。

洛书数有九，一白属水，二黑属土，三碧属木，四绿属木，五黄属土，六白属金，七属金，八白属土，九紫属火，配列九宫，分别按三元起运，每元管六十年，上元六十年，一白统之，为水旺，中元六十年，四绿统之，为木旺，下元六十年，七赤统之，为金旺，所谓三元大运也。各就一元之中分之，则每宫管二十年，上元前二十年，一白司令，中二十年二黑司令，后二十年，三碧司令。中元前二十年，四绿司令，中二十年，五黄司令，后二十年，六白司令。下元前二十年，七赤司令，中二十年，八白司令，后二十年，九紫司令，所谓三元小运也。凡论局宅之得运失运用此法。

以局宅受生者为生气，局宅所生者为退气，局宅受克者煞气，局宅所克者为死气，比和者为旺气。按宅分宫，必按元分运，生旺宜兴，运未来而仍替，退煞当废，运方交则尚荣，其吉凶，俱从大小元运变化。

凡看阳宅，先看坐山及外六事之方，行运与否，次论层数间数，与六事之方或行大运或行小运均吉否，则布置六事，各方得宜，而河图洛书二运未交，仅可小康，且一卦之先后天运，固可合而论，九宫交运之卦，有于河图之数，同宗作偶者，亦当参看，再兼流年九星生克，分辨吉凶，其休咎得失，判然有定矣。

流年

（凡宅，气口坐山并重，若论流年，则气口重而坐山轻）

邱平甫云：诸家年月多差误，惟有紫白却可凭。值年九星逐宫转，生旺休囚仔细分。又云：八山最怕五黄来，纵有生气绝资财。凶中又遇堆黄到，重重灾祸哭声哀。

凡阳宅，欲知何年发福发祸，须查其年何星入中宫，飞布各方，以断吉凶。再查每月入中星，及飞布各方星，以断某月，应验极准。举例，以上元甲子起白，中元甲子起四绿，下元甲子起七赤，按年逆轮入中，顺布各年入中星之原位，及五黄所到之方，极凶，不可侵犯，余就各方各间，与原星，并论其生旺克泄。吉凶不同，或吉凶杂乘，或吉凶加并，有无太岁、戊己、岁破、三煞等临位，审察分辨，并宅运之得失参之，以定祸福，再有月建吉凶星神，祸福加重。

（年月神煞，流年以太岁、岁破、三煞、戊己、都天值年九星、大将军、五黄为重，月家，以月建、大月建、月破、月三煞、月五黄、戊己泊宫、太岁泊宫、岁破泊宫、大将军泊宫为重。）

分向

蒋公之法为分元定运，以一卦统论三山，故言元运者，只概论其卦。

以卦起运，分析辨别山方衰旺，岂知一卦三字，阴阳又各有异，乾亥壬、艮寅甲、巽巳丙、坤申庚十二字为阳，子癸丑、卯乙辰、午丁未、酉辛戌十二字为阴。凡开山立向，必宜详辨，而阳宅犹重向首之星，务求生旺得令，法用元运飞轮。向首得何星卦，卦明阴阳顺逆，挨布八方，看其何者生旺，何者衰死。所谓生旺衰死，乃因时变迁，运中分得之生旺衰死，非原定方位上之生旺衰死也。向首阴阳既定，一切门路收气，按位分房，安置六事，俱此判剖吉凶，参看年月，一卦之中，各有区别，兴衰互殊，了如指掌，否则向丙向丁与向午，兼左兼右，混然无别，何以同在一卦，荣枯隆替，先后异辙，迥然不同。

九宫飞星按元立宅，另有图诀，杨公曾公以来，传至杜陵蒋公，一脉薪传，知者甚少，而其法实探河洛之精微秘妙，非得其人，不轻授受，总之八卦九星，静则随方而定，动则依次而行，以山卦入中飞布为体，方固随星而易，以运卦入中飞布为用，星复随运而移。凡各向之分阴分阳，又不得拘各宫板定之阴阳，而昧于天机之妙用也。

作用

"四凶四吉分顺逆，父母二卦颠倒轮，向首一星灾福柄，去来二口死生门。"此天元五歌言挨星之法也。

八卦分作大阴阳两卦，四凶卦归一卦，四吉卦归一卦，得运合元为吉，失运失元为凶，颠倒轮之，以取四吉卦之星，而去四凶卦之星。四吉之中，又以天心正卦为真吉，将来之卦为次吉，已过之卦则不用，各局界气，取先后天卦气俱到。诀曰：

先天乾六是离踪，巽处入脉应坤宫，坎水来时朝至兑，坤二坎一脉和通，艮八乾金为朋友，七金四木气相从，离九龙来定震位，脉出天三地八功，后天来龙先天向，阳神收定气交融。

得水者当知本身送龙水为来水，出口水为去水，取先后天相照清楚，去水要得四吉星，路气同论。

（按：流来为来，流去为去，故干水出口是去，若滨溇不通，支水流出之口，正江湖溪荡流入之口，则以大水流入支为来，而以滨底为止水，详见《归厚录》来情篇。按运论星，总以得运为生，将来为旺，已过未来为衰死。不专以紫白为吉，碧绿黑赤黄为凶。凡得运与将来者俱吉，失运者凶，惟紫白为善曜，五黄失运极凶，余星失运均不利，以星与星之生克相参，应验极准。此玄空风

旺宅居家环境学

水心法也，阴阳宅同论）

图式

　　以下原来十八图，现精简为八图，更名为"传心八易图"。五运寄在别的宫位，不载图。此是杨筠松授之曾文辿，以后代有传人，至清朝蒋公平阶得此法于无极子，晚年授会稽姜汝皋诸人，后载无常派章仲山《心眼只要》。此图自古以来，均以口授而无刊本。口诀为：天动和地动，时和运同走。八大局者，即除中五外，以一至九数为皇极，入中来排，阳顺阴逆，如是以成八局，此种挨星之法，自《沈氏玄空学》以后，人尽皆知，但在古代是很隐秘的，因五黄入中为元旦。

　　大江左右，传述差误，少有得是诀者，又多讲玄空而遗实地峦头。不知天依形，地附气，形与气不可偏废，峦头为体，理气为用，但有体用本末之不同。予讲求蒋公法，于《天惊诀》《古镜歌》诸书而外，得有此九局十八图，另有天地人三图，及分卦五十四图。庚寅岁，在西粤，晤平乐太守，俞茗琴先生，言及地学，出书数种见示，内有作法真传一帙，与子藏本一字不爽。丁酉秋日，游大梁，晤蓉屏程君，谈论堪舆之下，索取真诀，爰出此十八图相赠，附刻宅法举隅之内，以公同好研究。庶真传，日久不没，并望习本术者，务知先体而后用，忽致忘本而逐末也。

九二	五六	七四	一三	六七	八五
八三	一一顺逆	三八	九四	二二顺逆	四九
四七	六五	二九	五八	七六	三一

二四	七八	九六
一五	三三 顺逆	五一
六九	八七	四二

三五	八九	一七
二六	四四 顺逆	六二
七一	九八	五三

五七	一二	三九
四八	六六 顺逆	八四
九三	二一	七五

六八	二三	四一
五九	七七 顺逆	九五
一四	三二	八六

七九	三四	五二
六一	八八 顺逆	一六
二五	四三	九七

八一	四五	六三
七二	九九 顺逆	二七
三六	五四	一八

旺宅居家环境学

《宅法举隅》下册

内六事总论

凡在阳宅内之事，如门户、房、床、灶、井等类，总称六事，其实不止于六也。局、山、层、间，静而属阴，六事动而属阳，阳凶能胜阴吉，静吉难压动凶，故六事之关系甚重。

内六事专从阳宅上，轮布九星，宜在本宅生旺方，忌在关煞死退方，也宜在本层本间之吉方，忌在凶恶方，又宜与主命纳音五行相合，及东西四命吉方，并查小运流年。如坎宅，一白入中，二黑到乾，五黄到离，八白到震，则乾、离、震本是煞方，一白层间亦然，若交二黑运、五黄运、八白运，大凶。或煞方有高压冲射，纵不得运，遇流年之煞星飞加，及戊己、五黄诸凶星叠临，亦应有祸，倘若再有动作，其凶愈速，至流年月建凶星飞到，即非本宅层间之煞方，亦防发祸，凡吉方之准验此断之。

门户

阳宅前曰门，属阳，后曰户，属阴，取天门地户之义。门用偶，户用奇，阴阳交济也。门常开，户常闭，阳辟阴翕也。前后门户宜匀称，后户不得高于前门，天尊地卑也。宅内，门不宜多，门不宜高过于壁，尤忌杂乱开门，气散不聚。开门对柱，二门夹柱，三门相对，式如品字形，两胁开门，栋下开门，屋大门小，屋小门大，并且门前有直屋、直路、直水、直堑、直墙、直塘、直岸、树、石、庙、冢，当门冲对，不论宅之前后，皆忌。

至开门，宜在吉方，忌在凶方，宜迎生旺而避衰死。而大门何以多在关方？俱未详论，有的谓大门在关方，泄出煞气，则吉，其旨已明，惜言之不备。盖因大门为宅之气口，如人之有口，以便呼吸吐纳，所取关方开大门者，正用先天阴阳正配之位，彼此交媾，以之出煞，即以之收生，通宅气机流活，全在乎此。他方虽吉，不若此方之卦得正配，气机自然和谐。

世俗常以关方为五黄为煞方，便执趋吉避凶之见，半用游年法，旁角开门，不思想大游年以看方位吉凶之法，非用以开大门之法。且门开两旁，既恐气不纯正，又恐宅气被门横冲破散，宅上五黄，非比年运五黄。年运之五黄，得于天之动，动者有屋路以招之，其气来而恶，不必专在大门。宅上之五黄，得于地之静，静者有门路以泄之，其气通而和，惟惧起造高屋，故年运五黄方，宜平静而无招动，宅上五黄方，宜流通而无阻塞。

所谓关者，正以全宅之左右四隅，各方卦气错杂，环抱于内，屋形大约前低后高，则气必自后趋前，而前面紧紧拦住，即如一关坚守，故名曰关。关，非即煞，有所阻塞而关闭，乃为煞耳，故此处不宜高压冲射，置坑、厕、凶恶等物，惟开大门，以泄出宅内煞气，门一开，则通气，则煞不能留聚，而山与向，阴阳之气和，彼此交媾，得以发生，然后再收外来年运吉气，则丁财没有不兴旺者乎！假设或有桥、梁、巷、屋直射斜冲，神庙、牌坊尖高欺压，自当量度左右，权宜趋避之策。大凡建宅，无论城市乡村，必取吉地营造，全宅体式，均经一番商酌，故近的数百年，远的则及千年，历年既久，元运不一，利于前的，不利于后，利于此的，不利彼。而若静体全吉，虽一时动用失宜，丁财决无大损，待其运通，仍复兴旺，慎勿以大门之位，偶不合运，并无恶形关碍者，轻易改动。此为改大门原则也。

再查蒋氏《天元五歌论阳宅》云：宅龙论地水神裁，尤重三

门八卦排，只取三元生旺气，引他入室是胞胎。又云：若是吉神兼恶路，酸浆入酪不堪斟。这是是门气原兼路气，方得归厚录阳基章，只言宅气从门，隐包水路在内，所恃气口为呼吸，归重三元，以定宅之随运兴废。《阳宅集成》等书，载有改门引旺之说，因时运更改而补救，亦同蒋公之意，但不得离体而专言用，悖理妄作。总之，大门未可轻动，所改者，引气之路也。城市改门内之路，乡村改门外之路，路气迎生接旺，一进大门，步步从生旺之位，引入内室，主要靠内门，辅以便门，随运转移，没有不吉的，何必为迎合乎全体之气口，纷纷改易哉。

（每见庸人粗知元运，遇大门不得令，随即改移，因欲避衰就旺，以至门首歪斜，街边门屋，都成尖角斜飞之势。不论此得彼失，福未至而祸已来，而形状不复端正，譬之人口一歪，成何相貌，岂不可笑可恶。蒋法原重引气，故于先天之地，改一旺门，便能起衰，若其门仍在原位，仅一歪侧，其气果能变易乎？杨曾相传至今，并未有此作法，切宜戒之，门不能轻改。）

大门为全宅之气口，最要端正大气，顺理顺势，非特八宅游年，配卦三吉，从旁开门。既非正法，即按合元运，强为改易，顾此遗彼，亦非真旨。前论已详且备，惟门气以通大道为重。同一房子前面，大门之旁，每有便门，右右边、旁、横、侧，原所不拘，只要外面街道，气可通于宅内，形势无碍，择其合运之方，改一旺门，经常出入，引动旺气，则于全体无害，又于作用有合。至于宅内，更在吉方开门迎之，步步引动旺气，直入闺厅，再合主命之四吉方，或东四命，或西四命，大妙。假若内外门不能尽合，则参以主命之纳音，生旺者取之，受克者避之。大约元运与主命，未必俱合，凡宅长，必兼论内外各门，以东西四命合吉，与纳音五行参看，余人各重卧室私门，与命相配，论方向而不论命者凶。盖宅主统管一家之兴废，余人专管本身之夫妇子女，门远者应迟，门近者应速也，至后户，只为退灰出粪之路，大忌闭前门，而专从后户出入，尤忌后户两扇门，开在正中，以泄宅气，惟或左、或右、偏旁为妙。

明堂

（阳宅即天井也，内外相距三丈八尺以外者，气不能贯）

明堂，所以通气其制。四围高而中间平，略深者，属水，中有突而阔者，属金，方正而中无突者，属土，直长与阶下，四面均平者，属木，中有石桥如虎眼者，属火。凡水星、金星、土星为三吉，木星、火星俱忌，不宜太小，太小则逼，不宜太宽，太宽则气散，须以屋之六七分为准。又如横一丈，则直五尺，是为折半法，最好不宜太深，太深则财不聚，不宜太长，太长则丁不旺，不宜一字样，若匾而窄，或横或直。如一字样者，丁财两退，又遇楼屋蔽塞天门者，大不利，当以方阔为主，深至五寸者吉（用鲁班尺）。

盖明堂以方而浅为佳，其长阔丈尺，量以檐下滴水为界，取数多少，宜宅受生，或为宅所克（生克用河图数），所谓山克明堂主发财，明堂生山主发丁是也。此阳宅财丁法。明堂中，忌堆石和假山，忌筑起土堆，忌栽花，忌尖射，忌积水，忌中心造小屋，忌水去对门对柱而出。

水沟

阳宅内有放水之沟路，深至五寸为率，不必拘定方位，只要自后至前，或一边或两边，环绕曲折，会合出去，《玉镜》云：阴沟出水要无踪，便出凶方亦不凶，只取湾环并屈曲，总归一路自昌荣。怕犯向上黄泉，山上曜煞，最忌从辰戌丑未四支上开沟，又凡地支上，均不宜出水，尤忌放主命位上，一遇太岁、岁破、三煞等，及主命直冲之年，皆大不利，至斜飞八字流出，或从大门下出，或卧床下暗沟，均犯忌应避之。

【点拨】辰戌丑未四支地库，主财。

卧房

卧房，宜择本宅生旺方，本层生旺间，并合主命纳音五行，东西四吉。卧房内，喜明忌暗。窗前，忌对中有直屋檐滴水，名流泪煞。忌披屋低下在前，忌披屋作房，低于正屋。忌上手有屋脊，或高墙牌坊，犯欺压本身的，皆主不生育。忌房前后近灶，见青烟起。忌房后有井，房内开天窗。忌房前种芭蕉，忌楼上作房，楼下装仓作灶。忌房在祖祠香火后，香火下，忌门对灶间，门对直柱，有破缸等冲对。忌房内多门窗，忌两边开蝴蝶门，一高一低，若两对者，主祸双生。忌房内安楼梯，及楼梯当房门，楼梯压床上，楼梯角冲入房。

安床

（忌官星所飞之泄气方，必绝嗣，如坎宫之兑艮两方是也）

安床，宜择宅之吉方吉间，房门，又宜得间星之生旺，合床之生位。具体方法以床坐方星入中，飞布八方，论八卦阴阳，配合夫妇，开门，相生为吉，相克为凶。大概房门系卧房之最紧要处，故床之坐方，必与此门合着，夫妻生旺，再得间星之生旺，则尽善矣。

东西命的人，房宜东四方，西四命，房宜西四方，方不合，当于房门取之，移床以就吉。一卦分三山，论生克择其与主命合吉，纳音五行相生者用之，床头宜枕生避煞。将罗盘放床沿边居中处，看房门上是何字，用正五行，要与卧枕相生比和，若枕去生门，虽泄气，主得子女。安床，忌在正梁之下，骑梁担梁，屋头尽处，楼头尽处，床后空虚，床后堆谷，床前冲柱，床两头不着壁，床头边开门，外气冲逼，楼梯压床，床下暗沟，床前有灶，床后有井，种种皆当避，凡年白到山，主怀胎，年白到门，主生子，如床位之分金，与男女命，纳音相合，遇流年本生命，生子无疑，九星飞到生命者同。

厨灶

厨房，宜在宅之生旺方，忌在关煞方，择吉作灶，论宅主之东四命西四命，以定灶之座向。

灶座，宜压主命四凶方。灶门，宜向主命四吉方，谓之压煞向生。如乾坤艮兑为西四命，则灶座压坎离震巽四方，灶门向乾坤艮兑四方，坎离震巽为东四命，则灶座压乾坤艮兑四方，灶门向坎离震巽四方，而四吉向中，又须阴阳配合。若向与主命，纯阳纯阴，则未尽吉，至男女两命，一东一西，但以男命为重，向男命之吉方，而避女命之绝命方，即为合局，再参用九宫元运，审其生旺衰死，乃为全美。至一卦三字，宜向天干四维，忌向地支，忌向坐山五行之临官帝旺方。近屋有流水来去，朝向贵，迎来水为吉，如灶向不能与间星及此间之门星论生克，并忘间星之生旺死退，在于何方，则虽合吉向，亦未必验。至年月吉凶神煞，临方到向，又不可不知。

凡灶向，忌有门路冲对。作灶，忌在楼上及石板砖上，忌在卧房楼下，忌正梁横压，灶上烟囱，出屋上宜低隐，出在房脊柱间者，损宅长，锅宜三口五口，忌两口。在水间者，应主孤，忌锅口对房门，灶管人丁，水缸管财，水缸对中锅，为水火既济，在火门之四生方亦吉，厨溜亦然，皆宜在本间内之吉方，忌四墓方。水缸在窗内，槛外有阴沟在下面，不利女人小口，灶位与床位，忌相反，为冲关，宜相生为吉，忌与井同在一间。

书室

凡作书室，宜取宅之一白四绿方，一白四绿间，又开一白四绿门路，流年月建，得一白四绿到方到间到门，或四一同宫，或还宫复位，必主名场大利。又屋外一白四绿方，有山水楼台、亭、

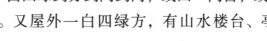

塔、殿、阁拱照皆吉。宜天井开爽，窗户明亮，忌蔽塞昏暗、近灶、近厕。不宜在四墓坤方，体格取木火及金水，二层、三层为木火通明，最利，若一层，则配金水之局，白虎方高，利学生，青龙方高，利师傅，又宜与居命之纳音相合，应验极灵，考寓同例。

（一白，为官星，四绿为文昌，仕路重一白，科名重四绿，二者关会，尤妙。玄空风水讲，一四同宫，准发科名。）

一四同宫，主发科名。

神室

神位香火，不可安在关方煞方，及门之左右，主人口不利。

井

穿井，宜在宅之四隅，取生气旺方，切忌在宅龙来脉上，及宅之前后、左右、腰间、当门之前、厅前堂前、灶后床后，又忌在关方煞方，与四墓方，亦宜在天干位上，勿在地支位上。

池

宅内，切忌开池，若作别业则可，住居则凶。宅外、门前有池、大忌，双池，尤忌，宅后亦然，在宅旁环而活者，左畔吉，右畔凶。屋边，不可闻流水响声，又池在关煞、黄泉、四墓方均忌。

假山

厅堂前后，忌堆假山、及石栏、高架、石板、满铺，以至煞气多而生气少，流年凶星飞到不利。卧房天井内，尤忌。

仓库碓磨

仓库属土，宜在土方，不宜在木方，又忌贴近卧房两旁前后，碓磨属金，宜安金土方，不宜巳午方，又忌关煞方，最利居水口。

按：关煞方，望文生义，关塞不通则为煞，故忌闭塞，喜通畅、流动！三元九运论，现是八运，运盘的关煞方是未坤申三山，即所谓五里山是也。二元八运的算法，现在也是八运。关却是在对面丑艮寅三山。若是再进一步细论，三元九运尚须论向盘的飞星为三阳星，二元八运尚须论天卦，同一卦气，阴阳交媾等条件。飞星五行，主要用在飞星与所在地盘（一称元旦盘）、中宫二者之间的生克关系，而关煞空实的空间观念是其先决条件。玄空六法将飞星五行当作时气，太岁法看待；关煞空实称之为形气，是吉凶判断的根据，是形气，不是时气。所谓太岁无吉凶，形气吉则太岁助之吉，凶则助凶就是这个道理。

坑厕

作厕，忌在宅基来脉处、及乾为天门、巽为文昌、四正为将星、四墓为华盖、与关煞等方。作厕宜隐藏，不宜当门眼见，开门见厕所不吉。宜坐山泄气，坐山所克方，不宜坐山相生吉方，宜本命休囚之位，亦宜安在天干，勿犯地支，并避宅上黄泉，勿近灶、近房。

六畜栏

六畜，忌安置大门左右、及关方。参邵康节卦象，牛坤土，忌卯方，马乾金，忌午方，驴骡震木，忌申方，鸡巽木，忌酉方，羊兑金，忌巳方，猪坎水，忌辰方，狗艮土，忌寅方，鱼离火，忌亥方，鹅鸭属水，忌辰戌丑未方，猫属木，忌申酉方，各以克制，不可犯。

（阳宅集成，载开门、来路、分房、安床、灶、向、神祠、香火、仓库、畜所皆宜在主命四吉方，灶座、烟囱、水缸、穿井、碓磨、坑厕，直在主命四凶方）。

旺宅居家环境学

外六事总论

凡在宅外之事，如桥、梁、殿、塔、亭、台等类，望见照著者皆是，总称六事，其实亦不止于六也。从局上论生旺退煞，亦当在宅上并看，庶无差误，其吉凶祸福，俱以九宫飞布，按元运之得失分辨，若再遇流年吉凶神煞加临，应验尤速。

按： 外六事，各有五行所属，邻屋、庵庙、衙门、旗杆、木桥、竹树俱属木，溪河、池塘属水，殿角、尖塔，牌坊、窑、灶、钟楼、坟堆、油车、银铺、铁店俱属火，街路、墙垣、堤岸俱属土，环桥、碾子、坝堰、墩堆俱属金。又以形论，木长，金圆，土方，火尖，水曲。以色论，木青，水黑，金白，土黄，火赤。参用年运月建，以定吉凶，如年月有五黄，二黑，九紫，叠加山方，钟鼓不绝，立见火灾，火性主动，得一白水星飞照，或有水池在方，化救，以水制火，方能免祸。

凡在半里内者必应，远者不应。

山峰

宅有四山高压，或白虎方高峰昂起，坡头岭脚，在关煞方，及凹风缺远射，不论前后左右皆忌。凡有冲射，勿拘何煞，前主伤夫，后主伤妻，左主损男，右主损女。

水道

宅外四边，河港直冲、反弓斜飞、八字外向、及前面阔河大荡、白光照曜均不吉。

邻屋

凡宅之四方，邻屋高昂，及门前直脊，直墙冲对，纵有遮隔，终难免咎，在前者，为压头、捶胸、穿心、攻脚诸煞。在后者，为扑肩、推背、钻臂、牵尾诸煞。左右者，为摸耳、冲腰、紾臂、撞股诸煞，遇五黄、太岁、戊己、流年加临，应凶。

桥梁

桥梁，为行人往来朝夕常动之所，切忌冲宅冲门，最易发祸，宜在宅之生旺方，不宜在关煞死退方，尤宜参合元运，喜在运内生旺方，忌在运内衰死方。

街路

门屋之外，最重道路，凡路直朝者，作来气断，以比来龙。横过者，作止气断，以比界水，不可冲破，来宜生旺，去宜衰死，以定门向之趋避，宜湾曲环抱，若直冲、尖射、反弓、八字及人字、叉字、火字、井字、十字、川字等形，不论向对皆凶。

庙宇

神庙佛寺，宜远不宜近，忌开门便见，宜在宅之生旺方，不宜在关煞死退方，利居水口，以作拦蔽。

牌坊

宅前，忌建牌坊，引起凶煞，邻近旧建者，亦宜在宅之生旺方，忌值关煞方，如高逼临压，则不拘何方位，皆凶。

尖塔

塔为文笔峰，亦为火星，宜在宅之生旺吉方，及一白四绿方，忌在关煞凶方，并正午方。凡在宅前见塔顶当面者，不利，又宅内高楼，开窗见塔顶在前，勿作卧房。

旺宅居家环境学

树木

宅外种树，招聚阳气，故广陌局散，藉此以护生机，溪谷风多，藉此以御寒气，但只宜宅后两旁，栽植环绕，宅前关方，不宜蔽塞，若遇太岁、岁破、五黄、戊己、流年到向，恐有不利。

衙署

衙署，上手要重，官升得速，若下手重者，不升。法以正堂为主，忌关煞，申辰方冲射，衰死方孤辣。前面最嫌逼窄，怕有穿射，头门宜高，二门勿得高过头门，致佐贰欺压堂官。角门高大不聚财，若太狭小，官不发，在公胥吏，不利，宜门廊地基同高。正堂地基，又比廊地高一二尺，则吉，两廊，须另起造，若连正堂，恐书吏通内舞弊。月台，宜宽正。甬道，宜宽平，长十一步者，迁，十二步者，富，十四步者，升，十五步者，优，十七步者，主封赏，二十步者，高转，如十六步者，官星有阻，十九步者，仕途多厄。

更楼，宜在乾坤艮巽方，忌辰戌丑未四墓方，更忌申方，招贼。屏墙，忌太阔远，吏胥揽权。房科，不宜反向，宜平正一齐，主吏胥和睦。东书房，西银库，得位者安。左宾馆，右牢狱，隐藏者吉。库房，宜兑及乾艮方，不宜震巽离方。仓廒，喜在不关，不宜酉方，忌当来脉上，与卧房后。衙神、土地，宜居左边，若居右边，官身不安，若反背，吏民悖逆。班房，宜远，忌逼，囹圄，忌向衙厅。马厩，宜乾兑坤艮方，忌在离方。马头，忌朝正南午方。门路，亦忌在午。内衙，与住宅同论，以内宅门为咽喉，关系最重，忌门枋朱漆，川堂直长，自外冲内，衙后空虚，暗箭冲背，明堂逼窄，左右凶恶，皆要防避，再参合主命年运，若十道倾欹，四围缺陷，零星破碎，路气穿散，须防岁煞加临，刑冲主命，难免灾祸。

学宫

郡治学宫，偏宜水扫城脚，辛丁位上，有秀山秀水朝拱，当出元魁鼎甲，上手平和，下手高雄，前面文星蠢起，科第不脱，若左高右低者，不利。私衙，与住宅同，上手若高，升官极速，上手若空，官声不美。

武衙

门前开敞，四围无破，震庚离乾方上，拱峙耸起，超升极速。

寺观

大殿为主，宜高，中后殿稍低，须称。山门及左右殿宇，均以端正平匀为吉，山门切忌开左，头门低塌，则难为主，辰上开门，官非回禄，前后各向，人口不和，门路重开，是非不息，神像太多，僧道消散，喜四山朝拱，水冲脊背。私室六事，亦与主命相参，配合趋避。

店铺

店铺以门为重，要迎水开门，忌开在煞方。铺柜设坐，俱以迎水为吉，库柜，安于生旺方，或迎水路，坐空朝满者吉，门前忌街路反背，上手偏重，压射不利，白虎高则得利，关栏钱财，安货房屋，宜顺水坐虚，前逼后空者，脱手易而利加倍，亦宜与主命参酌配合，并论元运兴废，以知趋避去取。

旺宅居家环境学

《天元五歌》阳宅篇注解

无着禅师　原著　赵景义　补注

　　人生最中是阳基，却与坟茔福力齐，宅气不宁招祸咎，骨埋真穴贵难期，建国定都关治乱，筑城置镇繁安危，试看田间丰盈者，半是阳基偶合宜。

　　注：阳宅阴基其兴替之原理同，用零正而取用之技术各有少异，阴基系血统，其子孙虽居千里以外，其翼荫则一，为永久兴衰所关；阳居则不然，不论氏族，男女同居期，或同屋分房，感应虽同，而每一房随流行则各异，其兴替随流行之气，其一物一极，以各房建极。建国立都，其衰旺关乎一国之隆替，而文化经济亦受影响。一城市之气运亦然，每一县城之形不美，鲜能点翰林者。试看田家之丰盈，多因田社茅棚，适逢流行之气到，合得生旺。天心最平等，自天子以至庶人，无分贵贱皆一也。以中国建都于北平，总以渤海向东入海，黄河新口，天津市无定河皆归渤海，以下元气运，干为下元之首。

　　阳居择地水龙同，不厌前篇议论重，但比阴基宜阔大，不争秀气喜粗雄，大江大河宜气厚，涓涓滴水也关风，若得乱流如织锦，不分元运也亨通。

　　注：历据各国大都会名城，皆择平洋阔大之区，语云阳宅一片，阴宅一线。一片言其广大粗雄深厚，源远流长，形势紧密，自然收得大江大河之气，入岫自然，气运悠远。阴宅一线，故云一席地亦能结构以成。我国平津沪汉奥，亦大聚大结之地。乱流织锦

者，如苏芜锡、浙之南浔、湖之洞庭、奥之南番中顺皆港，又分岐乱流织锦，故每产俊秀人物，所谓衰旺多凭水，永保其祯乃乱流，此衰彼旺，其重如此。

宅龙动地水龙裁，尤重三门八卦排，只取三元生旺气，引他入室是胞胎，一门乘旺二门囚，少有嘉祥不可留，两门交庆一门休，大事欢欣少事愁。

注：动地之动字指空旷及街巷，此为动气之处。动地之动气皆当水论。故古人有黄白二气之论，据有水光之荡漾，名曰白气，空旷草坡，田陇街巷，名曰黄气。黄白其动则一也。三门者，前后门、内门，前后二门要注意外来黄白二气，凡宅外街道沟渠在前门者，在前门立极，将所来之气收归局内，如为生旺则吉，如为衰死便凶，如十字街口，一方坐南向北，一方坐北南向，如南向之居屋二间，自收到东南气或西南气，北向者，为西北气或东北气，必要细观之，看其气是否能收到入宅。此不能拘拘于某运生旺则吉，衰死则凶。如一运以干兑艮离为生旺，四运以巽震坤坎为生旺，七运以震坎巽坤为生旺，仍以零正取生旺，故阳宅论气，不论其向。盖阳宅以人为极，中厅取中，睡室以睡房门取极，办公室亦以其门取极，案台必收得其门生气旺气，若仓库无人地带，则归无极。如一门乘旺，二门衰死，为衰多旺少，鲜有嘉祥。若二门乘旺一门衰，亦必获咎，必重重生入，如近代之楼，其主房及大门必取生旺，若有衰死之气，则不住人，空之，如正门不吉，鲜能获吉。

三门先把正门量，后门房门一样装。

注：本节重申阳宅之得失在门，不在形之向何方。假如屋式向东而行门在南或行北，不论城市乡或高楼大夏，皆在入屋第一门先立极，然后察其极外之动气，及其街道走廊、沟渠，及街闸来气。如七运向北门，入门后由西转入厅，而房门又向南出，此一门生二门衰，鲜不获咎，若正门衰死而分租，又各自在其房取极，其生旺者祯祥，其衰死者获咎，所谓物物一极，不能执着于一也，其

旺宅居家环境学

它之游年天医，及门光尺、八宅，皆不及玄空也。

别有旁门及侧户，一通外气即分张，设若便门无好位，一门独出始为奇。

注：每宅必自正门总气定，头门之生旺，以总论其宅兴旺。如正门乘旺，旁门侧户皆无生旺之气，惟正门乘旺，只有闭其通外衰死之门，以留生旺之门，以迎外来生旺之气，若便门当旺，正门当衰，只留旺封衰，阳宅之把握天机全在行门，语云，有旺门无衰屋。

门为宅骨路为筋，筋骨交连血肉均，若是吉门行恶路，酸浆入酪不堪斟。

注：门为宅骨，为全宅动气之主，管内外六事，皆兼贯通全宅之道，门之高低大小，路之长短曲直阔窄，其气之交流，引到生旺或衰死，为全宅兴衰所系，亦即俗云，内六事，门之高低及路之阔窄，直曲引到何气，以比例定之，不可过亦不可不及，务必使之平均，过与不及皆不宜用。在上元应取外之离兑巽之外气，并内亦宜之；下元以收得内外之干震艮之道路，旺气为吉，反此乃如酸浆入酪，何堪用之也。

内路常兼外路看，宅深外路抵门阑，外路迎神并界气，迎神界气两重关。

注：内路外路有连带关系，而在市镇为尤重，外路即门以外之大街小巷，内路门以内之走廊。尤郊外小水会大水，内必兼外。先看外路之生气足不足，内路归何卦，合得生旺，若市镇之楼宇其生气在街头而住在街尾，此内气接不到街口之生旺，街受衰死之气侵袭，徒得屋内之生旺。总以生旺重重生入，否则流行之气转眼已星移斗转，物换星移矣。只接本宅之生旺，虽可召吉，亦如上言流行之气不能留，迁避为宜，故云两重关也。

更有风门通八气，墙空屋阙势难避，若遇祥风福顿增，若遇煞风殃立至。

注：风门者言其形也，在乡村乃外旁之凹风形，乃两山之中夹凹，或远山与近山，两山远近合之亦有如一丫，亦谓之凹，名之风门。在市镇里，则横街小巷，或阴巷，或斜，或浸背，或正面来，皆曰风门，以其有风自此吹来，若市镇隔一街界气，亦可召吉。予历见此等风门其力极大，若上元运，为下元衰气浸入，其家之衰退尤速，如下元运为上元卦气之门户衰气浸入，亦然。如上元能接上元之生旺气，下元运能收得下元将生之生旺气，名曰祥风，皆以玄空取舍，上元离坤兑巽，下元以干艮震坎分配于玄空二十四山中也。

蠹蠹高高为峤星，楼台殿宇一同评，或在身边或远应，能迴八风到家庭，峤压旺方能受荫，峤压凶方鬼气浸。

注：上节言空，本节则言实。凡独耸之高楼、文阁、台塔、教堂，或殿宇、巍楼均作山龙论，或近身或遥应均作正神论。若上元之在干艮震坎，下元之坤离巽兑，其催官尤验，反之则生鬼气，即其压在正神，自召吉祯，如反之压在零神方，则鬼气浸。欲除此威胁，在零方用门以消除，或用窗亦可引生旺以入宅，自可消除之，但仍要审其轻重。

冲桥冲路莫轻猜，须与元龙一例排，冲起乐宫无价宝，冲起囚宫化作灰。

注：桥与路动气之最动者，而又最劲，每有人来往之孔道曰冲者，由正面或右或左，正左右而来者皆曰冲。城市乡村庄之厦宅，冲有太过中和之分，凡此冲与风门大同少异，若路冲，其间合得元运玄空有五鬼运财来，至失运时亦有运去。乐宫速发，一遇囚空化作灰。所谓元龙者，乃当元之龙。故云一例，如四运遇巽坤震坎四乐宫，其中尤以巽坤为正，四运属上元，转眼星移斗转，一交六运，此四宫入囚，其中亦以巽坤其去势之速如雷，非人事可以挽回，因巽四终乃上元之气终，至七运震坎乃正乐宫，巽坤乃辅之而已。吾新会有二村，被对村之人用桥冲，几年后遇囚，此二

村卒至灭他迁，亦所谓其来也速，其去也速，观于潮汐则自了然矣。

宅前逼近有奇峰，不分衰旺皆成空，抬头咫尺巍峨起，泰山压倒有何功。

注：奇者怪石嶙嶙，此言形势之凶恶，若太近屋前或左右，虽有元运当旺，因其太近，不能迴旋八方之旺气入宅，故曰终成空局，若太逼近，虽秀亦无用。如上节之乐囚，苟遇囚何堪设想。

村居旷荡无关锁，地水兼门一同取，城巷稠居地水稀，路衢门峤并司权。

注：乡村之气旷荡不收，曰无关锁者，非水口之关锁与否，地广水多，关气因之散漫，不若市镇之街稠密，故曰地之作法，无论村庄市镇，全以远近虚实为主宰。地水兼门一同取者，此须细看其气入岫不入岫，犹阴宅之水入怀不入怀，地上之气亦当水论，故曰兼门。峤星之形市区多，村庄少；若市区之街道，仍作黄白论，峤星则分生旺，自不待言。

一到分房宅气移，一门恒作两门推，有时内路作外路，入房私门是握机，当辩亲疏并远近，抽爻换象出神奇。

注：分房气宅气移句，乃玄空作法与他家不同，此为玄空作法之最上乘法。如北方之院，一家分数屋，同一总门出入，而每一房之宅气各建其极，如今市区一楼入门后，分居而住，自是各有其极也。如粤之大屋，中一大厅，东西分主，各屋分居，其间之气各殊，而所收生旺各异。假如在市区东向之房，旺于四七运，西出之房旺于三六运，故分房各有各主，亦各人建极不同，又如楼六七层亦然，或用厅形以就气口，此抽爻换象法极之，斗标极重要，斗一动，八方之气其旋转由乎中央，即算术之二元数法，一动皆动也。

论屋神祠理最严，古人营屋庙为先。

注：古人建都立城或村庄，如建都以天坛之立，都市以城隍

庙以定一方之主宰，村庄以社坛或庙，皆该方之主，先观形势后研理气，凡威灵显赫之庙宇，香火鼎盛绵绵，幽冥清净，若古庙冷寺，必肃散不收，此为形家必论之理，可知形体不动为主，理气流行之气为用，庙为万象香火，宗祠则又为其子姓独有。吾眼见新会一村，当时全村皆穷，适有阴阳家过，而该村有一耆老，在村口榕树下休息，而该阴阳家亦在休息，而老者奉茶献烟，阴阳家感其诚，即日在某处立社坛，在某处建祠，他云二十年后能财贵并美，果然该村出一名医，当清光绪皇奉召到京赐进士，而村人自此多往美国，此坐甲向庚，而甲峰特耸于后。

夫妇内房尤特重，阴阳配合宅根源。

注：玄空六法至此已极尽玄妙，以夫妇为人伦之始，五伦亦以夫妇为先。生育后，则父子兄弟而子孙，孙子继绵不绝，此夫妇为全宅奥枢，亦作主星论，凡房之门路，外气必要收得生旺之气，房门及床位亦必收得房门之旺，故以床为极，以阴阳相生雌雄相见，床头在正神方，走廊收得生旺，门口为大金龙，必能产俊秀之儿郎。如七运，得震坎最佳，而坤巽乃上元之气，虽旺亦不用，又如八运以干艮之房亦佳。

八宅因门坐向空，三元衰旺定真踪，运遇迁移宅气改，人家兴废巧相逢。

注：坐向空者，俗云空亡线之谓。八宅乃地盘二十四山，周天三佰六拾五度，每宫十五度，上七度半，下七度半，如子山午向，前不兼壬，后不兼癸，名曰向空，此所谓单线者，宜于神坛社庙空门之线，世俗人家不宜用此线，青囊经虽有双山双向之旨，而阴阳二宅，总以避为宜，如形局因砂水关系，一度二度亦要兼，因地球界气，其轴心系在辰戌分界，其不取空亡者，三元之气虽发，但其向空，运遇迁移斗杓一转，如坐子午干巽，于上下元交运时，其败最惨，一过运忽遇当旺，行运之人入住亦大发，故云巧相逢，此乃前为鬼屋不吉，后至者大吉。

此是周公真八宅，无著大士流传的，天医福德莫安排，只好游年定时日，逢兴鬼绝更昌隆，遇替生延皆困迫。

注：无著大士（后称禅师）乃清国师蒋大鸿之师，无著又名无极子，八宅始于周公刘迁豳，蒋氏得无著大士衣砵真传，始明玄空秘奥，坊间阴阳家，地理书汗牛冲栋，甚少见用玄空者，此周公八宅之秘诀，乃易之为道，换言之，皆本玄空三般大卦，演变六法，世人之用天医、福德、游年卦例，而论八宅，皆江湖术士骗食法，皆以挨星为言，因时代之沿革，屋宇之形式，代有更改，而易以不变应万变，其取极则一也。天气乃流行之气，旋转日月，迁移自有其律，地不分南北，其兴替皆在到某地之气如此，而其地亦如此，如坎宅游年卦以艮为五鬼，有门路则凶，坤为绝命，有门路亦凶，永远皆如此断，殊不知艮坤各有其流行之气，其生旺衰死，皆在玄空卦内推，如一六、二七、三八、四九、真伪立分，必玄空卦之秘。

太岁煞神若加临，祸福当关如霹雳，门内间间有宅神，值辰值星交互测，此是游年剖断机，不识三般总虚掷。

注：太岁为每年之岁君，子年即太岁临子，午年太岁临午，若遇太岁加临，旺则随旺，衰则随衰，其中六合三合，皆有影响，旺则祯吉，衰则获咎，紫白诀以及秘旨，皆以零正而定其生旺衰死，亦一物一太极之秘，故南北东西各有所受流行之气，其卦象之变，尤如干首坤腹震足艮筋络，故其宅之有病人，变象之卦气最验，天地万物皆感其极，亦地球之东西人物，各其极，亦如最小者，莫如一花一叶，亦各有花之极，而叶又另一极也。

间星层数论高低，间架先天卦数推，虽有书传皆不验，漫劳大匠用心机。

注：宅第之形式，古今不同，日新月异，本节内外六事兼及，有平房有几进深者，或高几层或十几层者，此要外六事之不生我，同类而克同类，秘旨已详解，内六事，亦以生旺之门路而定生旺，

逢生旺则生旺，逢衰死则衰死，外六事在露台观之，外之高楼峤阁影响最大，零方反居正方，名水神上山，获咎；正方反居零方，名山神落水，主损人口或疾病，犯重者死，在此环境必细观，其外六事或远或近，观其气之入宅与否，前文已尽及。

山龙宅法有何功，四面山围亦辨风，或有山溪来配合，兼风兼水两相从，若论来龙休论绝，结龙藏穴不藏宫，纵使皇宫并都会，只审阳开不审龙。

注：论平洋与山居，山居以紧密形局势平坦紧密，山溪水之来合得生旺，水口之出，屈之不见，外六事之峰峦，环绕有情，八风不漫浸，避风得水。若平洋，以包涵广大，宽宏远大，开阳之谓，故云只取开阳，以纳东西南北之气，只求得当元生旺气到门入宅，故勿论来龙。若山居则要论龙，以中和为主，缓急相称，若来势急速不开坦，又不紧密有情，如居之，虽居生旺中，但其形势已不取。所云风兼水者，不论山居与平洋，皇都或城镇，山居取紧密，平洋聚居，人口众多，必取其所谓明堂容万马，水口不通舟，阳宅阴宅总不能离平字。

俗言龙去结阳基，此是时师俗见庸，欲取阳居禳家福，山居不如泽居荣。

注：泽居形势广大，山居逼狭，四面休囚，若形势好，用之为阴宅则可，虽得生旺亦不过一二代，若泽居人口繁盛，洋场广阔，能聚稠密之人口，时师每取龙脉而骗人。

阴居荫骨及儿孙，阳宅氤氲养此身，偶尔侨居并客馆，蓭堂香火有神灵，关著三元论气转，吉凶如响不容情，透明此卷天元歌，一到人间识废兴。

注：本节统论全篇大意，阴宅关系血统，其子孙虽远居，亦可泽荫，阳宅虽侨居客馆，亦能感应，若能熟读此卷天元歌，所有人之兴废便了如指掌也。

旺宅居家环境学